AF451704

# SOIRÉES VILLAGEOISES,

## OU

### ANECDOTES ET AVENTURES

### AVEC DES SECRETS INTÉRESSANTS.

PAR

Mr. le MARQUIS de LANGLE.

*Homo sum, Nihil à me alienum puto.*

# AMSTERDAM,

Et se trouve A MONS, Chez A. Jevenois, Imp. Lib. 1791.

# *SOIRÉES*
# VILLAGEOISES.

---

## ANECDOTE.

UNe malheureuse fille que des parens barbares avoient contrainte à se faire religieuse, mais à qui la nature donnoit le besoin d'aimer. Avoit succombé à ce sentiment impérieux. Sa foiblesse eut des suites qu'elle ne put cacher à sa supérieure. M. de Cicé Archevêque de Bordeaux apprit que cette supérieure l'en avoit punie de la maniere la plus cruelle, en la faisant enfermer dans un cachot, où couchée sur un peu de paille, réduite à un peu de pain qu'on lui donnoit à peine, elle attendoit & invoquoit la mort comme le terme à ses maux. Le Prélat se transporte dans le couvent, & après beaucoup de résistance, fit ouvrir la porte du réduit affreux où cette infortunée se consumoit dans le désespoir. Dès qu'elle apperçut l'Archevêque, elle lui tendit les bras, comme à un libérateur que lui envoyoit la providence. Le Prélat jettant sur la supérieure un régard d'indignation : je devrois, lui dit-il, si je n'écoutois que la justice humaine, vous faire mettre à la place de cette malheureuse victime de votre barbarie, mais le Dieu de clémence, dont je suis le Ministre, m'ordonne d'user envers vous de l'indulgence que vous n'avez pas eue pour elle. Allez, & pour votre unique pénitence lisez tous les jours dans l'évangile, le Chapitre de la Femme Adultère. Il fit aussi-tôt fuir cette religieuse de cette horrible demeure, ordonne qu'on eut d'elle le plus grand soin, & veilla sincérement à ce que ses ordres fussent exécutés. Mais ces ordres charitables qui l'avoient arrachée à ses bourreaux ne purent la rendre à la vie, elle mourut après quelques mois de langueur en bénissant le nom de l'Archévêque de Bordeaux.

# *La Jambe de Bois.*

LE jeune Marquis de L..... vint me voir hier matin ; & auſſi-tôt que je lui eus dit que je n'avois point d'engagement pour toute la journée, il voulut que j'allaſſe dîner avec lui à la maiſon de Campagne, d'où nous pourrions être de retour à Paris, pour l'heure du ſpectacle. Nous avions à peine fait une lieue, lorſque ſous l'ombrage d'un arbre, à quelque diſtance du chemin, je vis de loin un jeune homme de bonne mine & en vieux uniforme, qui étoit aſſis ſur l'herbe & qui s'amuſoit à jouer du violon. A meſure que nous approchâmes, nous nous apperçûmes qu'il avoit une jambe de bois, dont une partie étoit briſée en éclats à ſon côté.

Que faites-vous là, ſoldat, lui dit le Marquis ? mon Officier, je ſuis en route pour mon Village. Mais mon pauvre ami, reprit le Marquis, vous allez être bien long-tems en chemin, ſi vous n'avez pas d'autre monture que celle-ci ; en montrant les morceaux de ſa jambe de bois. J'attends mon équipage & toute ſa ſuite, repliqua le ſoldat ; & je ſuis bien trompé ſi je ne les vois pas en ce moment deſcendre de ce coteau. Nous vîmes en effet une eſpèce de chariot traîné par un cheval, dans lequel étoit une jeune femme & un payſan qui conduiſoit la voiture. Dans l'intervalle du tems qu'ils mirent pour arriver juſqu'à nous, le ſoldat nous raconta qu'il avoit reçu en Corſe un coup de feu, pour lequel on avoit été obligé de lui couper la jambe ; qu'avant de partir pour cette malheureuſe expédition, il avoit pris des engagemens avec une jeune fille de ſon voiſinage, que le mariage avoit été remis juſqu'à ſon retour ; mais que lorſqu'il s'étoit préſenté avec ſa jambe de bois, tous les parens de la fille, s'étoient oppoſés à leur union, que la mere de ſa fiancée, qui étoit la ſeule dont elle eut à dépendre, lorſqu'il commença à lui faire la cour avoit toujours pris ſes intérêts, mais qu'elle étoit morte pendant qu'il étoit abſent. Quoiqu'il en ſoit, ſa fidèle fiancée lui avoit conſtamment gardé toutes ſes affections ; elle l'avoit reçu avec les plus vifs tranſports, & elle avoit conſenti à abandonner ſa famille, pour le suivre à Paris, d'où ils avoient résolu de se rendre par la Diligence dans son village, où son pere vivoit encore. Ma jambe de bois, ajouta-t-il vient de se casser en ce moment, ce qui a obligé ma maîtresse de me quitter, & d'aller chercher un chariot pour me transporter au premier village, afin de m'y faire faire une autre jambe. C'est un malheur, mon Officier, qui sera bien-tôt reparé, & voici mon amie. La jeune fille s'élança de loin hors du chariot, saisit la main que son amant tendit vers elle, & lui dit avec un sourire plein d'affection, qu'elle avoit trouvé un excellent ouvrier qui s'étoit engagé à lui faire une jambe à toute épreuve, qu'elle seroit prête dès le lendemain & qu'ils pourroient alors continuer leur voyage.

Le soldat reçut en amant passionné les tendres soins de sa maîtresse.

C'étoit une jeune fille qui paroissoit avoir environ vingt ans; elle étoit jolie, grande & bien faite; ses yeux & son maintien annonçoient le sentiment & la vivacité.

Vous devez être bien fatiguée, mon enfant, lui dit le Marquis. On ne se fatigue pas, Monsieur, quand on travaille pour ce qu'on aime, repondit-elle. Le soldat lui prit la main & la baisa. Vous voyez, me dit le Marquis, que lorsqu'une femme a donné sa tendresse à un homme, ce n'est pas une jambe de plus ou de moins qui peut la faire changer de sentimens, ce n'étoit pas la jambe, dit fanchon qui avoit fait impression sur mon cœur, si cela en avoit fait un peu, lui observa le Marquis, vous n'auriez pas été la premiere. Mais allons, continua-t-il, en s'adressant à moi, cette jeune fille est charmante, son amant a l'air d'un brave garçon, si vous n'êtes pas trop fatiguée, nous les mettrons dans notre voiture & nous les suivrons à pied jusqu'au premier village, pour voir ce qu'on peut faire pour d'aussi tendres amans.

Le soldat fit beaucoup de difficultés pour entrer dans la voiture ; montez, montez, mon ami, dit le Marquis, je suis Colonel, vous devez m'obéir. Montez sans plus de façon ; votre maîtresse sera à côté de vous.

Entrons, mon bon ami, dit sa jeune fille, puisque ces Messieurs veulent absolument nous faire cet honneur.

Une fille comme vous feroit honneur au plus bel équipage de France, & rien ne me feroit plus de plaifir que de trouver les momens de vous rendre heureufe. Laiffez moi faire, dit le foldat. Je fuis heureufe comme une **Reine**, dit fanchon. La chaife partit. Le Marquis & moi nous fuivîmes.

Lorfque nous arrivâmes à l'auberge où nous avions dit au poftillon d'arrêter, nous trouvâmes le foldat & fanchon, qui pleuroient enfemble d'attendriffement. Mon ami, dis-je au foldat, comment croyez-vous pouvoir vous foutenir, vous & votre femme ? Monfieur, quand on a fçu vivre pendant cinq ans, me repondit-il avec fa paie de foldat, on n'eft pas embarraffé le refte de fa vie. Je joue affez bien du violon, ajouta-t-il, & peut-être n'y a-t-il pas dans toute la France un village où il fe faffe plus de noces que dans celui où nous allons nous établir. Je fuis bien fûr de n'y manquer jamais d'occupation.

Pour moi, dit fanchon, je fais du filet & des bourfes de foie. De plus mon oncle a deux cens livres à moi entre fes mains

& quoiqu'il foit beau frère du Bailli, il faudra bien qu'il me rende mon argent. Et moi, dit le foldat, j'ai foixante francs dans ma poche, fans compter deux louis que je viens de prêter à un pauvre fermier pour le mettre en état de payer les impofitions & qu'il me rendra quand il pourra.

Vous voyez, Monfieur, me dit fanchon, que nous ne fommes pas dans un état à exciter la pitié. Eh ! mon bon ami, continua-t-elle, en jettant fur fon amant un regard plein de tendreffe, que faut-il de plus pour être heureux ? les larmes rouloient dans les yeux du Marquis. Tenez ma chère enfant, dit-il, en fe tournant vers fanchon ; jufqu'à ce que vous puiffiez être payée de vos deux cens livres, & qu'on ait rendu à votre ami fes deux louis ; faites-moi le plaifir d'accepter cette bagatelle, en mettant une bourfe de louis en fes mains. J'efpère que vous continuerez d'aimer votre mari & d'en être aimée. Faites-moi le plaifir de me donner de tems en tems de vos nouvelles & de me dire de quelle manière je puis vous fervir. Ceci, ajouta-t-il, en déchirant le deſſus d'une lettre, ceci vous informera de ma demeure & de mon nom. Mais ſi jamais vous me faites le plaiſir de venir me voir à Paris ; ne manquez jamais d'amener votre mari avec vous, car je ne voudrois ni vous eſtimer moins, ni vous aimer plus que je ne le fais en ce moment. Venez me voir quelquefois, mais enſemble répéta-t-il encore. Je ne craindrois jamais de vous l'envoyer ſeule, dit le ſoldat. Que le Ciel vous béniſſe, mes bons amis. Adieu ma chère fanchon, aimez vous bien. A ces mots le Marquis les prit tous deux par la main, ſalua fanchon, remonta en voiture & nous partîmes comme un trait.

## LE CORDELIER.

UN Cordelier allóit à pied prêcher dans un village éloigné de dix lieues de Bruxelles. Il rencontre près de Louvain un jeune homme âgé tout au plus de quinze à ſeize ans, n'ayant point encore de barbe & d'une figure fort agréable, lequel alloit occuper une place de Chirurgien dans le Régiment de Vierfet en garnifon à Anvers. Ils lient converfation & pourfuivent enfemble la même route. Chemin faifant, le jeune homme fe plaint de ne pouvoir changer de linge, le fien eft très-fale, fa malle étoit partie par la Diligence : il apperçoit dans une prairie au bord d'une petite rivière du linge nouvellement blanchi & étendu fur des cordes pour fécher. Il demande au Cordelier s'il ne pouvoit pas fans crime ou fans péché troquer fa chemife qui étoit toute neuve contre une de celles-là. Après avoir réflechi quelque tems, le Moine habile prend la chemife la plus féche, & lui dit, qu'il n'y voyoit aucun inconvenient. Alors le jeune homme fe déshabille, prend la chemife la plus féche & remet la fienne à la place. En la paffant il s'apperçoit que c'eft une chemife de femme. Il n'y en avoit point d'autres ; & pareffeux de fe remettre encore nud, il fe décide à la garder telle qu'elle eft ; nos voyageurs continuent leur route. La nuit les furprend. Ils font obligés de s'arrêter à une auberge, où il ne fe trouve qu'un lit de vacant. Les deux voyageurs con-

fentent à y coucher enfemble. Ils fou-
pent gaiement; & comme ils étoient très-
fatigués, ils fe mettent au lit & s'endor-
ment tout de fuite. Vers les onze heures du foir, la maîtreffe de l'auberge
fait fa ronde ordinaire dans les cham-
bres pour voir fi tout eft en bon ordre. Elle entre dans celle de nos voyageurs; elle trouve le Moine qui ron-
floit de toutes fes forces, & le jeune
homme à fes côtés, les bras étendus,
la gorge découverte, formant un con-
trafte frappant avec le gras Francifcain.
A l'air efféminé, & fur-tout à la chemife
du jeune homme, elle ne doute point
que ce ne foit une fille, qu'il a débau-
chée. Très-fcandalifée de ce que fa
maifon fert à de pareilles intrigues,
elle reveille le Moine, le tance très ver-
tement & envoye le jeune homme coucher pour plus de décence avec fa propre fille âgée de quatorze ans, très-
fraiche & très-jolie. On devine facile-
ment que le jeune homme ne fe fit pas
beaucoup prier, qu'il n'employa pas
toute la nuit à dormir, & que la fille
de l'hôteffe s'accommoda fort bien d'u-
ne pareille compagnie; mais une chofe
qui a fort furpris la bonne mère, c'eft

qu'au bout de neuf Mois, sa fille qu'elle avoit toujours surveillée avec la plus scrupuleuse rigueur, accoucha d'un gros garçon.

## LE NAIN.

IL y a quelque tems qu'on montroit à Cologne, un Nain & une Géante mariés ensemble ; le mari étoit si petit, & la femme si grande, que celui là étoit obligé de monter sur une table pour l'atteindre jusqu'au menton.

*Recette excellente contre les Contusions.*

HUmectez du son avec de la farine, ajoutez y un peu de corne de cerf ou de sel armoniac en poudre, & appliquez le tout sur la partie malade en forme de cataplasme.

### Remede contre la Fièvre.

LA tifanne avec la racine de bardane est un excellent fpécifique contre la fièvre, pourvu qu'on ait attention en prenant ce rémede, de fe garantir de l'air & du froid, & de fe faire fuer s'il eft poffible après en avoir pris quelques verres.

----

### Secret contre la piquure des Abeilles.

A L'inftant qu'on a été piqué de ces Mouches il faut chercher des pavots blancs, en prendre une tête, la couper & faire couler fur la piquure quelques gouttes du fuc de laiteur qui fort du pavot; la douleur fe calmera fur le champ & il ne furviendra point d'enflure, comme il arrive prefque toujours.

### Trait ingénieux d'un Aveugle.

UN aveugle qui poffedoit fix mille Florins, alla les enterrer dans un coin de fon jardin, fon voifin qui le vit fut auffi-tôt les enlever. L'aveugle au bout

de quelques jours étant retourné à fon
tréfor, ne le trouva plus. Il foupçonna
le voleur, & étant allé le trouver, il
lui dit, je viens vous demander confeil ;
j'ai douze mille Florins que je crains
de perdre, dont j'ai déjà caché la
moitié dans le fond de mon jardin, où
je fuis fûr que perfonne n'ira les chercher. Me confeilleriez-vous d'y mettre
la fomme entière ? il faut que vous
foyez bien mon ami, & que j'aye une
grande idée de votre bonne foi pour
vous confier un pareil fecret. Le voifin ne manque pas de lui répondre qu'il
avoit raifon, quoique l'aveugle lui op-
pofa de grandes difficultés. A la fin
il fe rendit à fon avis & fe retira. Auffitôt le voleur profite du tems, & dès
la nuit même, court rapporter au dé-
pot les fix mille Florins, dans la confiance d'en prendre bientôt douze mille.
L'aveugle s'y rendit le lendemain, &
retrouvant fa fomme il fut la cacher
dans un endroit plus fûr. Ayant enfuite appellé fon voifin, il lui dit :
compère, apprenez qu'un aveugle voit
quelquefois plus clair qu'un autre avec
fes deux yeux. Profitez de cette leçon,
vous favez pourquoi je vous la donne.

# INFANTICIDE.

UN Marchand de Grains étant arrivé le soir dans un village des Provinces-Unies, entra chez un cabaretier qu'il connoissoit, après avoir soupé avec le Maître il le pria de lui garder jusqu'au lendemain une somme de mille Florins, qu'il avoit sur lui. Le cabaretier le conduisit ensuite dans une chambre reculée de la maison, ou couchoit ordinairement son fils alors absent & qu'il n'attendoit pas ; ce fils arriva cependant au milieu de la nuit, & trouvant tout le monde couché, entra dans la maison par un passage secret, & se rendit dans sa chambre où il se coucha auprès du Marchand qu'il réveilla. Le Marchand incommodé se leve, passe dans la chambre où mangeoient les étrangers, & s'endort sur une chaise. Le cabaretier, peu de momens après, tourmenté de l'envie de s'approprier le dépôt qu'on lui avoit confié, court dans la chambre où il avoit mené son hôte, & ne soupçonnant rien de ce qui s'étoit passé, porta deux coups de hache sur le malheureux qui y étoit couché, & qu'il ignoroit être son fils. Le lendemain matin, en entrant dans la chambre à manger, le premier objet qu'il apperçut, fut le Marchand qu'il croyoit avoir tué. Instruit aussi-tôt de sa méprise le cabaretier se trouva mal, il declara lui même son crime & fut arrêté sur le champ.

*Méthode éprouvée contre les Taupes.*

Quelqu'un de ma connoissance a trouvé le moyen de détruire en quinze jours, toutes les Taupes qui ravageoint son enclos; en faisant mettre dans chaque Taupinière fraîchement remuée, deux morceaux de branches de rosiers sauvages de la longueur d'un pied chacun & en faisant entre deux un passage étroit par où la Taupe, allant & venant ne manquoit pas de s'accrocher à quelqu'une des épines. A peine piquée elle meurt sur le champ.

### Nouvelle manière de cultiver les Asperges.

Pour se procurer une recolte d'Asperges aussi abondantes dans le Mois d'Août que dans le Printems, il faut dans l'Hyver, bécher legèrement la surface du terrein, où sont plantées les Asperges & les couvrir aussi-tôt de fumier bien consommé, puis mettre sur le tout, une couche de marne en fusion; c'est-à-dire bien friable & comme en cendres. Cette couche doit être assez abondante & à peu près de l'epaisseur de deux doigts. L'hyver se passe sur cette première façon & mûrit le tout ensemble. Au Mois de Mars, où le bouton de l'Asperge commence à se développer, il faut bécher encore legèrement la surface de cette couche, la recouvrir de fumier & on aura de très - belles Asperges.

### Baleine énorme.

On a vu, il n'y a pas long-tems sur les côtes de l'Ile de Corse une Baleine échouée qui avoit deux cent pieds de

long, fa graiffe feule pefoit, cent foixante-
dix mille livres. Comme c'étoit une femelle, on trouva dans fon ventre un
fetus qui avoit foixante pieds de long
& qui pefoit trois mille livres. Les
voyageurs parlent encore d'une efpèce
de Baleine communément appellée Kra-
ken qu'ils regardent comme la bête la
plus énorme qui exifte. L'orfqu'elle fe
léve fur la furface de la Mer, fon corps
couvre un efpace que l'œil a peine de
mefurer. Son dos préfente une étendue
d'une demi lieue de tour. Il eft toujours garni de pointes ou cornes écail-
leufes fi hautes, qu'on les prend de
loin pour des Mâts de Vaiffeaux ou
pour des arbres.

## ÉPIGRAMME
### *Contre les Medecins.*

Ton Oncle dis tu, l'affaffin,
M'a guéri d'une maladie;
Mais preuve qu'il ne fut jamais mon
Medecin,
C'eft que je fuis encore en vie.

*Remede contre les maux de Dents.*

PRenez racine de Pyretre , demi-
once, de tormentille, trois gros ; con-
caſſez les racines, faites leur prendre
un bouillon dans une chopine de vinaigre rouge. En retirant du feu le vaiſ-
feau qui doit être de terre, on jettera
dans la liqueur un gros d'Opium ,
coupé par petits morceaux & un gros
de Camphre qu'on aura pilé, avec trois
gros de femence de Juſquiame. On laiſ-
fera infufer, hors du feu le vaiſſeau
bien couvert pendant l'eſpace d'une
heure. On paſſera le tout à travers un
linge fin ſans exprimer. On paſſera la
Liqueur au clair. On tient environ une
cuillerée de cette potion tiede dans la
bouche du côté qu'on fouffre, & dans
deux minutes les maux de dents ceſſent
comme par enchantement. Il faut bien
fe garder d'avaler cette Liqueur.

*Avis aux Moiſſonneurs.*

LA chaleur à la quelle la Moiſſon
vous expofe, vous nuit principalement
par les fueurs exceſſives dont vos corps

font couverts. C'est à l'épuisement qui
en est la suite & l'altération putride des
humeurs que cet épuisement & l'ardeur
du soleil produisent, qu'on doit attri-
buer les maladies dont vous êtes souvent les victimes. A la suite de vos
travaux, l'eau à laquelle vous avez recours pour étancher votre soif, ne suffit
pas pour vous préserver de ces malheurs,
mais vous pouvez par un moyen très-
simple & très-peu dispendieux rendre
cette boisson très-salutaire. Ayez soin
d'avoir du vinaigre & mêlez-en un demi gobelet sur chaque bouteille d'eau ;
vous pourrez vous en désaltérer sans
inquiétude. Chaque soldat Romain portoit avec lui une bouteille de vinaigre,
& c'est par le secours de son mélange
dans l'eau dont il s'abbreuvroit, qu'il
essuyoit les plus grandes fatigues sans
être incommodé.

Le vinaigre est pénétrant, altérant,
astringent, il guérit les hémorragies, il
est bon contre la morsure des serpens.
Toutes ces propriétés du vinaigre doivent engager les ouvriers à en avoir
toujours avec eux.

### Épitaphe d'un Procureur.

CI-gît qui prit tant qu'il put prendre
Debout, assis, de nuit, de jour,
Et toujours prit sans jamais rendre,
Mais que la mort prit à son tour.

### Signalement d'un bon Taureau.

IL a l'air gai & éveillé, les cornes grosses & blanches, les oreilles rudes & velues, le front large, les yeux grands & noirs, les machoires amples & grosses, les narines ouvertes & larges, les lèvres obscures & noirâtres, le fanon large, mince, velu & tombant de la lèvre inferieure jusqu'au cou. Ses épaules sont larges & profondes. Son ventre très-long, son cou charnu, le dos droit, les jambes pleines, les jointures courtes, les pieds écartés l'un de l'autre, le poil de tout son corps est épais, court & aussi doux au toucher que le velours.

### Épitaphe d'un Avare.

CI-gît dessous ce marbre blanc,
Le plus avare homme de Rennes
Qui mourut, tout exprès le dernier
jour de l'An,
De peur de donner des étrennes.

---

### Supplice Étrange.

LES Hollandois employent quelques
fois un genre de supplice bien propre
à inspirer la terreur, sans cependant
trop faire souffrir le patient. On place
le criminel sur un échaffaut, vis-à-vis
d'une figure gigantesque de femme qui
a les bras étendus, & hériffés de pi-
quans & de longs clous éguifés, de
la poitrine de laquelle fort un poignard:
dirigée par des reffors vers l'homme
deftiné au fupplice, elle approche gra-
duellement, jufqu'à ce que fe trouvant
à fa portée, elle l'enlace de fes bras &
lui perce le cœur en le ferrant contre
fa poitrine. On appelle cela *embraffer
la femme*; & c'eft de tous les genres
de mort, celui qui fait la plus profonde
impreffion fur le Peuple.

## Épigramme fur les Amis.

LEs Amis de l'heure prefente
Ont le naturel du melon :
Il faut en effayer cinquante
Avant que d'en trouver un bon.

---

## De la Conftruction & fituation des Étables.

ON eft partout, affez peu attentif
à donner des logemens convenables aux
beftiaux .Cela eft, furtout fort negligé
dans les Pays-Bas Autrichiens. On ne
peut cependant y apporter trop d'attention, l'endroit qu'on deftine à la
conftruction d'une étable, doit être fitué de manière qu'il ne foit ni humide,
ni trop expofé à la chaleur du Soleil.

Il faut le paver de pierres cimentées;
ce pavé doit être fait en pente, pour
laiffer écouler les urines; les fenêtres ne
doivent pas être au midi; la chaleur
pendant l'Été incommoderoit trop les
beftiaux, il convient mieux, qu'elles

C

foient au levant. La fraicheur de l'air
du matin, en Été, la gaieté du Soleil
rejouit les animaux. Les portes doivent
être grandes.

Chaque animal doit avoir au moins
fept pieds de place pour qu'il puiffe fe
coucher à l'aife, que les vaches pleines
ne puiffent pas s'entre-bleffer & que le
bœuf fort ne puiffe pas battre le plus
foible.

## ANECDOTE.

Madame la Marquife de C.....
s'habille un jour pour aller dîner en
Ville ; elle change d'avis, & annonce
à fa Femme de Chambre qu'elle ne for-
tira que le foir. On met les Diamans
dans l'écrin & on les place fur la toi-
lette. Un court intervalle de deux ou
trois heures n'avoit pas paru éxiger
qu'on les renfermât. Madame veut fortir, on ne trouve plus l'écrin : les recherches les plus exactes font inutiles ;
ils font volés, on ne peut foupçonner
que la Femme de Chambre ; la Mar-

quife ne balance pas à la croire coupable & le lui déclare. La pauvre fille
fe défole ; elle donne la clef de fa
chambre , preuve qu'elle n'eft point
fortie & qu'elle n'a point été feule depuis le moment où elle a reçu les Diamans des mains de fa Maîtreffe. Celle-
ci l'enferme & fouille parmi tous les
effets de l'infortunée domeftique , rien
n'annonce fon infidélité & les bijoux
ne fe retrouvent pas. Un commiffaire eft
appellé , tout le monde eft interrogé ,
la Femme de Chambre toujours foup-
çonnée , perfifte à protefter fon inno-
cence. La Marquife furieufe veut qu'elle
foit traînée en prifon. Le Commiffaire
exige qu'on faffe par toute la maifon ,
les perquifitions les plus exactes. Je fuis,
reprend Madame de C..... affurée
de la fidélité de tout mon monde ; mes
vieux font tous à mon fervice depuis
très-long-tems , cette fille feule m'eft
peu connue & je lui ai trop légérement & trop promptement donné ma
confiance..... Le Commiffaire ne fe
rend point à l'opinion de Madame ; il
perfifte à faire ce que le devoir de fa
place & les Loix exigent, il fait vifiter
fous fes yeux tous les endroits où l'é-

crin pouvoit être caché. On le trouve enfin dans un coin de la cuisine, au milieu d'un tas de linge sale : quelle autre que la cuisinière auroit pu choisir une telle cachette & la croire sûre ? La bonne femme qui depuis quarante années passées au service de la Marquise & de sa famille avoit fait preuve d'une fidélité inviolable, est jettée sur le champ dans les prisons réservées au crime. La Femme de Chambre & deux laquais y sont également renfermés. Vingt jours se passent & le procès dont l'instruction est prête d'être achevée menace les jours de la malheureuse & innocente cuisinière, contre laquelle, toutes les circonstances qui déterminent les Juges semblent s'être réunies. La Marquise avoit pris de nouveaux domestiques : la colère avoit chez elle fait place à la pitié. Elle étoit sans cesse dans les larmes : un matin sa nouvelle cuisinière accourt à elle-----Madame, séchez vos pleurs, tout est découvert, vos gens sont innocens.....Mademoiselle votre fille....... ----- comment ma fille ? ..... ( c'est un enfant de neuf ans ) ----- Mademoiselle vient de me faire demander un bouil-

lon, je le lui ai porté moi-même, j'avois
cherché à lui plaire & j'y ai réuffi;
ma bonne, m'a-t-elle dit, je vous aime
de tout mon cœur, vous fuccédez à
une bien mechante femme, oh! que je
la déteftois, auffi me fuis-je bien ven-
gée.

J'ai preffé Mademoifelle de s'expli-
quer, elle a eu quelque peine a s'ouvrir à moi, enfin elle m'a raconté que
c'eft elle-même qui a pris les Diamans
& qui les a cachés dans un endroit où
la cuifinière avoit feule occafion d'aller;
& cela, m'a-t-elle affuré afin qu'on
foupçonnât celle qu'elle haïffoit, de les
avoir volés, que vous la grondaffiez
bien fort, & que vous la miffiez à la
porte........ Je vous quitte Madame,
pour aller faire ma déclaration.....
Un inftant après les Juges font inftruits
de cet entretien, & ce trait de lumière
peut leur éviter une affreufe condamnation. Mademoifelle de C... fubit une
interrogation de cinq heures fans rien
avouer. Elle fe rend enfin aux larmes
de fa mère & aux inftances des Juges;
elle confirme ce qu'elle avoit dit à fa
nouvelle bonne & en indique des preuves..

On est occupé à les examiner & les domestiques soupçonnés languissent encore
dans les prisons, mais leur élargissement
ne sauroit être éloigné. La famille de
Madame de C..... s'est assemblée pour
prononcer sur le sort de la petite fille;
qui avoit déjà donné des témoignages
d'une ame noire : elle a été jugée indigne de la société, elle a été rasée &
renfermée dans un Couvent, d'où l'on
se propose de ne pas la laisser sortir.

## PUCES.

Pour faire mourir & disparoître les
puces, frottez le bois de lit avec une
décoction de feuilles d'Aulne.

## *Crime atroce.*

IL vient de se passer à V... un fait
dont les Annales des Siciles les plus
barbares fourniroient à peine un exemple. Un boucher passant par une forêt,
remarqua un enfant nouveau né, couché

dans un berceau d'ofier, qui étoit fuf-
pendu entre deux arbres. Sur le berceau étoit un écrit où l'on fupplioit la
premiere perfonne qui appercevroit l'enfant de le nourrir jufqu'à ce qu'on pût
l'avouer; il renfermoit plufieurs bijoux,
dont les linges de l'enfant étoient or-
nés & une fomme de deux cent Florins, avec la promeffe d'apporter tous
les ans la même fomme au pied de ces
arbres pour fubvenir aux frais de fon
éducation. Le miférable endurci par
l'habitude de meurtre forma le deffein
de profiter de cette découverte fans
en avoir les charges. Il tira l'enfant
du berceau, mit fes membres en pièces
& les jetta à deux dogues qui le fui-
voient & qui en devorèrent fur le champ
la plus grande partie. Mais la Providence ne permit pas qu'un crime auffi
horrible demeurat impuni; le boucher
s'étant arrêté dans une Hôtellerie; fes
chiens qui avoient mangé avec trop de
voracité réjetterent en préfence de tout
le monde des doigts, des ongles; ce
qui fit auffi-tôt naître des foupçons.
Le boucher fut arrêté à l'inftant même
il avoua tout, & fubit bien-tôt la peine
que méritoit un forfait auffi inoui.

## *Tour plaisant.*

UN contrebandier a joué un tour plaisant à la ferme générale; depuis plusieurs années il sortoit de Paris en carosse comme pour aller à une maison de Campagne & revenoit tous les soirs. Alors il mettoit derrière sa voiture deux laquais habillés l'un comme l'autre. Un de ces deux laquais étoit d'ozier & creux. On le remplissoit tous les jours d'un très-grand nombre de marchandises prohibées. Lorsqu'on arrivoit à la portière le laquais qui n'étoit pas d'ozier, descendoit, ouvroit la portière aux commis, qui accoutumés à voir le maître de la voiture, ne se donnoient pas la peine d'examiner ce qu'elle contenoit & se contentoient d'un léger coup d'œil. Le laquais postiche restoit derrière, & l'autre après l'examen fait, remontoit à son côté : il y avoit long-tems que cet homme continuoit ce métier-là : mais il a été decouvert ces jours derniers & vendu aux commis. On a arrêté sa voiture on l'a mis en prison, & il n'en sortira pas sans payer une très grosse amende.

# CHANSON.

JE suis aimé de la charmante Rofe
Avec plaifir, elle écoute mes vœux,
Mais fa raifon fans pitié pour mes vœux
Tremble toujours d'accorder quelque
   chofe.

  Moi fur le champ, mon maintien je
   compofe,
Je fuis de l'œil l'albâtre de fon fein,
C'eft peu de voir, je le touche foudain,
Hola, dit - on, ne prends pas autre
   chofe.

  Un doux baifer qu'à voler je m'ex-
   pofe
Semble affurer un bien délicieux ;
Mais fi ma main fe gliffe en d'autres
   lieux ;
Elle me dit, ne fais pas autre chofe.

  D'aller plus loin, mon ardeur fe
   propofe
Je ne crains plus d'exciter fon courroux ;
A demi nuds je preffe fes genoux,
Hola, méchant, ne prends pas autre
   chofe.

## Nouvelles singulières.

PLusieurs Lettres de Paris portent que le premier Juin dernier un valet de pied de la Cour trouva, dans la Salle des gardes une Lettre cachetée ayant pour adresse : *à ouvrir par le Roi lui-même.* Cette Lettre fut portée aussi-tôt à Sa Majesté. Quoiqu'il n'en ait rien transpiré, on juge que cette Lettre traitoit d'affaires importantes ; le Roi a fait ordonner au Lieutenant de Police de faire savoir dans toutes les maisons publiques & même de faire afficher, que Sa Majesté desiroit entretenir l'Auteur anonyme sur le contenu de la Lettre, elle l'invitoit à se faire connoître lui promettant toute sûreté ; le rendez-vous étoit fixé le 6 Juin, entre minuit & une heure du matin chez M. le Baron de Breteuil, où le Roi devoit se rendre. Malgré tout ce qu'on a pu faire, l'Auteur ne s'est pas fait connoître & sa Lettre a été brûlée deux jours après par la main du bourreau.

On exécuta il y a quelques semaines à Ulm un malheureux coupable de

plufieurs vols. Une fille charmante dô-
meftique dans une maifon bourgeoife,
fortit de la Ville pour aller voir l'exé-
cution; à fon retour, elle rencontra un
enfant de fix ans, l'appella & l'engagea
à aller avec elle fur le bord du Da-
nube, pour l'aider à emporter des fruits,
qu'elle vouloit, difoit-elle, acheter. Lorfqu'ils furent près du Fleuve, l'enfant
dit à la domeftique qu'il ne voyoit
point de bateau chargé de fruit. Cela
eft vrai, lui repondit cette fille; mais
nous n'y perdrons rien. Ne voyez-vous
pas ces belles écreviffes qui fortent de
leurs trous ? l'enfant s'approche pour
regarder, cette malheureufe le pouffe
dans le Fleuve, & emporté par le
torrent, il difparut. La coupable alla
elle même avouer fon crime; on vient
de la prendre.

## ANECDOTE.

UN Soldat de l'Armée Autrichienne
fut condamné il y a quelque tems à
avoir la tête caffée. Cet infortuné, par

ſes épargnes, ſoit comme Soldat, ſoit comme laboureur avoit été depuis pluſieurs années le ſeul ſoutien d'un père & d'une mère très - âgés. L'empereur inſtruit de cette circonſtance a fait grace au coupable en faveur de ſa pieté filiale.

## Oiſeau ſingulier.

IL y a ſix ſemaines environ qu'un payſan demeurant près de Louvain, tua un oiſeau très-joli & ſi rare, du moins dans ces contrées, qu'on ne ſe rappelle pas d'en avoir jamais vu de pareil. Cet oiſeau eſt un peu plus petit que la hupe, il en a le bec, excepté que le ſien eſt un peu plus pointu. Sur le haut de la tête il a une tache verte & bleue; & un peu au-deſſus du bec, commence une raie noire, qui fait enſuite le tour des yeux & ſe termine à la naiſſance du cou. On voit au cou & à la gorge une tache jaune de la largeur d'un Eſcalin. La queue eſt de la couleur Orange, & parſemée de taches vertes. Les jambes ſont courtes &

noires le corps de l'oiseau est couleur
de caffé. Les ailes sont bleues d'Amaranthe, la queue est composée de treize
plumes, il a sur la tête une espece de
panache couleur coquelicot ; celui qu'on
a tué est une femelle ; on présume que
le mâle doit être encore plus beau.

## Empoisonnement.

UN particulier de Naples de retour
dans sa maison après un long voyage
vient d'empoisonner sa femme & trois
enfans. On suppose qu'il s'est porté à
cette extremité, parce que n'ayant laissé
en partant qu'un seul enfant, il en a
trouvé trois à son retour. Ce malheureux avoit préparé le poison dans un
gateau. Une voisine, à qui sa femme
en avoit envoyé un morceau, en est
morte aussi. Le coupable a pris la
fuite.

## Trait singulier.

UN voleur de grand chemin actuellement en prison, où il attend sa sentence, rencontra quelque tems avant sa détention, sur la route de Bois-le-Duc pendant la nuit, un voyageur à pied qui étoit bien mis, sans cependant annoncer de l'opulence. Il l'arrêta, & lui demanda sa bourse, en lui présentant en même tems le bout d'un pistolet pour appuyer sa demande, le voyageur sans s'émouvoir, répondit qu'il n'avoit qu'un Escalin, qu'au moment même sa misere le forcoit à se soustraire à des Officiers de Justice chargés de l'arrêter pour une somme de trois cent Florins, & qu'il cherchoit un asyle contre la persécution de ses créanciers & les recherches de leurs satellites. *D'après cet exposé*, ajouta le voyageur, *vous voyez bien que vous n'avez rien à esperer de moi.* Le voleur qui l'écoutoit attentivement, remit son pistolet dans sa poche, le plaignit avec affection, & lui dit : *si votre rencontre m'est inutile, je ne veux pas que*

la mienne le soit pour vous. Vous
voyez cette maison , ajouta-t-il, en lui
en montrant une à vingt pas de là :
trouvez-vous y demain à neuf heures
du matin , je puis vous obliger; prenez
garde seulement de chercher à me perdre.
A ces mots il quitta le voyageur, qui
ne fut pas peu étonné de ce discours ,
& du rendez-vous qu'on lui donnoit.
Il hésita dabord , s'il s'y trouveroit ;
mais comme il n'avoit rien à risquer ,
il s'y rendit à l'heure marquée. Après
avoir attendu jusqu'à onze heures , il
se disposoit à se retirer comme il étoit
venu , lorsqu'il vit entrer son voleur,
qui, après l'avoir conduit hors de la
maison , en lui faisant des excuses de
l'avoir fait attendre , lui compta quatre
cent Florins en Or, en l'exhortant à aller
payer ses créanciers & les suppots de
la Justice ; ensuite il le quitta , le
laissant fort surpris de se voir secouru
par un brigand, contre les persécutions
de gens qui passojent pour honnêtes.

## Harangue de trois scélérats.

LE 21 du Mois dernier, il y eut neuf malfaiteurs exécutés à Londres. De tous les Villages des environs, des paysans étoient accourus pour assister à leur supplice, au nombre de plus de dix mille. Trois d'entre ces brigands haranguèrent la populace. Le premier d'un ton de voix assuré l'exhorta à éviter les voies du crime, attendu qu'il ne s'y trouvoit aucun plaisir „ Je parle ajouta-t-il d'après une fatale expérience, vous pouvez m'en croire „ dans ma position on n'est point intéressé à tromper. Le second exhorta les spectateurs a éviter le jeu & les tavernes, c'est dans les cabarets, dit-il que j'ai fait apprentissage du crime, c'est le désespoir que m'a causé la perte de mon argent, qui ma conduit sur les grands chemins. Le troisième vint à l'appui de cette exhortation, en ajoutant „ l'état de voleur est un pauvre metier, je n'y ai jamais gagné grand chose, & maintenant il me coûte la vie. Ah ! si tous ceux qui m'entendent, qui me regardent, si tous les hommes sentoient comme moi le malheur affreux d'être pendu ; jamais perfonne ne fe feroit plus pendre.

Les deux chariots qui avoient amené ces neuf coupables s'éloignerent en même tems, & la multitude jetta comme par inftinct un gemiffement unanime, au moment où ils demeurerent fufpendus. Précifément comme ils rendoient le dernier foupir, on entendit un violent coup de tonnère accompagné d'éclairs ; ce qui ajouta quelque chofe de lugubre à l'impreffion profonde que faifoit ce trifte fpectacle.

## ASSASSINAT.

UN Marchand de beftiaux, qui portoit une fomme confidérable fur lui, s'étant retiré dans un cabaret près de Cologne, pour y paffer la nuit ; l'Hôte appella du Village voifin un complice, pour affaffiner le voyageur & partager la bourfe. Comme le cabaret eft fitué vis-à-vis du presbytère, le Curé qui paffoit la nuit à étudier le fermon qu'il

devoit prêcher le lendemain, entendit
du bruit & vit des mouvemens qui
n'étoient pas ordinaires dans cette maifon ; mais il ne pouvoit former que des
conjectures : le crieur de nuit paffa fous
fa fenêtre, il l'appella à voix baffe,
lui fit part de fes foupçons, & lui dit
d'entrer dans le cabaret fous prétexte
d'une colique & de demander de l'eau
de vie ; il lui jetta ce qu'il falloit pour
la payer, le crieur alla au cabaret, où
on lui donna de l'eau de vie empoifonnée pour l'empêcher de rien relever
de ce qu'il auroit pu appercevoir ; forti
de là le crieur revint chez le Curé par
un détour ; lui dit qu'il avoit vu
des gouttes de fang, fans favoir d'où
elles pouvoient venir, parce que l'Hôte
avoit toujours tenu la lampe fort éloi-
gnée. Un inftant après une colique le
faifit & au bout de quelques minutes
il expira. Le Curé ne voyant que trop,
qu'il ne s'étoit pas trompé dans fes
conjectures, courut chez le Bourgue-
maître qui envoya arrêter l'Hôte & fon
complice ; on trouva le cadavre du
Marchand caché dans une armoire.

# ANECDOTE.

Un Anglois alla l'Automne dernier
trouver un Chirurgien habile de Paris. ---
Monſieur vous voyez cette bourſe, elle
contient cent Guinées & ſera le ſalaire
de l'opération dont je vais vous charger, ſi vous la faites avec ſuccès : dans
le cas contraire, ce piſtolet punira votre
refus ou votre maladreſſe.... --- De
quoi s'agit-il? --- Il me faut couper cette
jambe...... ---Mais Monſieur elle eſt
ſaine, dans le meilleur état : je ne puis
vous faire une opération auſſi cruelle
ſans aucune utilité... --- Ne balancez
pas un inſtant à me ſatisfaire, ou votre
vie.... --- Je n'ai point d'inſtrumens,
ni de bandages préparés --- J'ai prévu
cette objection & je me ſuis muni de
tout ce qui étoit neceſſaire; vous n'avez
donc point de prétexte, opérez......
Il fallut que malgré lui, le Chirurgien
ſéparat du corps une jambe qui y convenoit très-bien, mais que par une fan-
taiſie ſingulière on vouloit faire couper.
L'Anglois guérit, & retourne dans ſa
Patrie avec une jambe de bois. Le Chirurgien a reçu dit-on ces jours derniers
une Lettre de cet original, conçue en
D 2

ces termes : *Recevez , Monsieur, pour témoignage de ma vive reconnoissance la Lettre de change incluse de 250 Guinées, sur mon Banquier. Vous m'avez rendu le plus heureux des hommes en m'ôtant un membre qui mettoit à mon bonheur un obstacle invincible.* Ce langage vous paroîtra celui d'un fol, & vous aurez raison de me juger tel si l'homme le plus passionné mérite cette épithéte. J'aime, que dis-je, j'adore une femme charmante , sans laquelle l'existence m'étoit à charge & dont le sacrifice d'une jambe pouvoit seul m'obtenir la main. Je m'y suis déterminé dès le moment que j'ai sçu le motif de sa résistance. Elle n'avoit qu'une jambe & ne vouloit pas que j'eusse de ce côté sur elle une supériorité, qu'elle croyoit me mettre dans le cas de lui faire des reproches quoi qu'injustes, puisque tant d'autres avantages assuroient son empire sur l'amant le plus tendre ! enfin, Monsieur de retour à Londres ma situation l'a subjuguée ; nous nous sommes unis & je trouve une consolation bien puissante de la privation à laquelle j'ai consenti, par la ressemblance qu'elle me donne avec l'objet de tous mes vœux.

*Filouteries très-ingénieuses.*

L'Archevêque de Cantorberi allant à Londres rencontra dans une forêt, un homme assis par terre devant un échiquée. Le Prélat voyant un homme jouer seul aux échecs descend de sa voiture pour rire de sa folie —- Que fais-tu là, mon ami ? —- Je joue aux échecs. —- comment tu joues seul aux échecs ? —- non pas, Monseigneur, je joue avec le bon Dieu —- Il t'en coûte fort peu quand tu perds —- si fait parbleu je paye très-exactement, & nous jouons gros jeu, attendez un moment, peut-être me porterez - vous bonheur ; je suis aujourd'hui d'un guignon affreux..... aie! me voilà mat...... L'Archevêque de rire ; le joueur du plus grand sang froid, tire trente Guinées, ( trois cent trente Florins ) de sa poche & les lui donne —- Monseigneur , quand je perds le bon Dieu envoye toujours quelqu'un pour recevoir ce qui lui revient, les pauvres font ses trésoriers, ne balancez pas à recevoir cet argent & à le leur distribuer ; c'étoit le prix de cette partie —- L'Archevêque eut beau refuser , il fut obligé d'emporter les trente Guinées. Un Mois après, le Prélat repasse par la même forêt & revoit encore son joueur......celui-ci dès qu'il l'apperçoit, l'engage à s'approcher. Monseigneur, j'ai cruellement perdu depuis que nous nous sommes vus ; mais je tiens une bonne revanche ; ma foi, voilà le bon Dieu échec & mat..... eh bien, dit L'Archevêque qui te payera ? ---- Vous Monseigneur, je jouois mille Guinées ; & le bon Dieu m'envoye toujours quand je gagne, quelqu'un qui me paye aussi exactement que je le fais quand je perds ; j'ai même dans ce bois quelques amis qui vous l'attesteront, si vous refusez de le croire... Il fallut bien que le Prélat se résolut à payer tout ce qu'il avoit sur lui. Il n'attendit même pas que les invitations se multipliassent par l'arrivée des amis de la forêt.

---

*Le petit chien.*

EN général, les petits chiens sont fort recherchés à Paris par les femmes surtout, & il est bien rare qu'une Pro-

vinciale à son arrivée dans la Capitale
ne se procure pas un petit chien, qui,
traîné à la suite d'un long ruban couleur
de rose lui tient lieu de laquais. Une
Normande avoit à peine passé vingt-
quatre heures à Paris, qu'elle court sur
le Pont-Neuf où se tient le Marché des
chiens. Celui dont je veux parler la
frappe d'abord, la ravit, la transporte;
on en demande quatre Louis, quatre
Louis sont comptés sur le champ, & le
chien enveloppé dans un beau mouchoir
blanc est apporté à sa maison. La journée se passe à admirer le petit chien &
à recevoir les complimens des voisines
& amies sur une trouvaille si délicieuse.
Le lendemain le petit chien paroit malade; il se plaint; au bout de deux
jours il ne mange plus & son état fait
craindre pour une existence aussi chère:
le pauvre animal se débattoit de manière
à émouvoir les cœurs les moins sensibles;
enfin un heureux effort fait éclater sa
peau & laisse voir le chien le plus commun, qu'on avoit paré d'une peau étran-
gère & qui le renfermoit dans une étroite
prison.

## Trait de Bienfaisance.

LEs actions généreuses ne paroissent
rares, que parce qu'on n'a pas soin de
les recueillir; celle-ci est touchante.
Un riche Fermier à deux lieues de
Mons avoit une fille unique recherchée
en Mariage depuis quelque tems par
un Fermier du voisinage. Un jour que
celui-ci étoit venu faire une visite à
sa prétendue, un de ses gens arrive
à la hâte pour lui annoncer qu'on avoit
mis le feu à sa ferme & qu'une grange
pleine de bled étoit déjà embrasée.
Cette nouvelle accabla le jeune homme
qui perdoit sa fortune & s'attendoit à
perdre avec elle la personne qu'il aimoit ; cette dernière perte étoit la plus
sensible ; il se leva en faisant avec l'ac-
cent du desespoir, les adieux les plus
touchans à son Amante, & à son Père.
L'un & l'autre en furent touchés. Ne
vous désolez point, lui dit le vieux
Fermier. Votre malheur peut se repa-
rer ; il ne se changera rien à mes dis-
positions. Allez mettre ordre à vos affaires, & revenez le plutôt possible. Le
jeune homme revient, accablé de ce

qu'il avoit vu, effrayé de la grandeur
de fa perte, & tremblant de l'effet
qu'elle feroit fur l'efprit de fon futur
beau Pére, qui l'ignorot : je ne dois
rien vous eguifer, lui dit-il, ma recolte
eft perdue : ce n'eft pas tout, j'ai con-
fulté ; la réparation des bâtimens incen-
diés eft toute entiére à ma charge, &
elle ne me coûtera pas moins de quinze
mille Florins. Ta franchife prouve t'on
honnêteté, lui repondit le Fermier ; tu
merites ce que je veux faire pour toi...
Dès ce moment, tu feras mon gendre. Le
Mariage fe fi quelques jours après &
le Fermier lui donna de quoi réparer
toutes fes pertes.

## Le Chien des Tombeaux.

UN Négociant Anglois mourut, il y
a environ fix Mois, & laiffa tous ceux
qui le connoiffoient affligés de fa perte ;
mais il n'y eût point d'être qui témoi-
gna plus vivement la douleur, qu'il en
reffentoit, qu'un chien qu'il avoit éle-
vé. L'animal tout entier à fa trifteffe,
fuivit jufqu'au tombeau, le corps de

E

fon Maître & y refta à pouffer des cris
& des hurlemens, tant qu'enfin il par-
vint à pénétrer dans le caveau de fon
ancien Maître; c'eft là que depuis 6 Mois
ce malheureux chien a fixé fa demeure ..
Souvent obligé de fortir de fa fombre
retraite pour fatisfaire aux befoins pref-
fans de la Nature, ce n'eft qu'à regret
qu'il quitte des lieux qui renferment tout
ce qu'il a de cher; auparavant obligé
d'aller pour trouver fa nourriture, on
le voyoit foible, l'œil morne, le poil
heriffé, courir chez les Amis de fon
Maître pour chercher fa fubfiftance &
enfuite évitant tout Commerce avec les
Hommes & avec fes femblables, fe de-
robe de nouveau à la lumière du jour..
Maintenant que touché de la fidélité
fingulière, quelqu'un lui fait préparer
de quoi pourvoir à fes befoins, tous
les deux ou trois jours il fe rend exactement chez lui, où il ne refte que le
tems néceffaire pour manger; fi par hazard les portes font fermées & qu'il ne
puiffe fortir auffi vîte qu'il le fouhaite,
alors les hurlemens recommencent &
quand il revient, c'eft-à-dire trois jours
après, il n'entre qu'avec défiance, de
peur qu'on ne l'empêche de retourner

veiller auprès des cendres de son bien-
faiteur. Ni les caresses dont on le comble, ni les mets qu'on lui offre ne font
pas la moindre impression sur lui ; livré
à la douleur, il semble dédaigner toutes les consolations qu'on cherche à lui
procurer, & il passe obstinément les jours
& les nuits dans l'horreur des tombeaux.

### Aventure singulière.

UN Conseiller du Parlement, traver-
sant vers le soir un Quartier de Paris,
dans son Carosse, apperçut une Demoiselle en pleurs, & donnant tous les signes d'un véritable désespoir. L'huma-
nité l'obligea de faire arrêter & de descendre. Il aborde la Demoiselle, il lui
demande le sujet de ses larmes & ap-
prend qu'elle appartient à une belle
Mère qui l'a maltraitée & chassée de la
Maison. Le Conseiller la fait monter
dans son Carosse, la reconduit jusques
chez elle, & faisant arrêter ses gens à la
porte, traverse une avenue, puis une
cour spacieuse & se trouve dans un Ap-
partement Magnifique, où il se fait an-

moncer. Bientôt paroît une Dame d'un
abord majestueux, & plus belle qu'on
a coutume de l'être à cinquante ans. Le
Conseiller présente la jeune Demoiselle,
engage la belle Mère à la traiter avec
plus d'égards, & après bien des refus,
des propos, des reproches & des prières,
parvient à rétablir la paix & se dispose
à partir. La Dame l'engage instamment
de souper avec elle, ce qui fut accepté.
A l'instant on fait dire à ses gens de
retourner & de revenir reprendre leur
Maître vers minuit. La Dame prétex-
tant la nécessité de donner quelques ordres lui demande un quart d'heure &
sort. Dans l'intervalle se promène en
long & en large dans le Sallon, & ap-
percevant un enfoncement dans la tapis-
serie, la curiosité le porte d'en lever
un pan. Quelle fut sa surprise d'appercevoir un cadavre étendu sur le plancher, dont les playes saignoient encore!
cet horrible spectacle le met au fait &
pour épargner un pareil sort, il gagne
promptement la cour & le vestibule, ou
il rencontre quatre hommes bien mis qui
l'abordent avec civilité en lui demandant pourquoi il sort. Je reviens dans
la minute, dit-il; & aussitôt il s'évada

pour regagner son quartier. Un quart
d'heure plus tard, c'en étoit fait du
Conseiller.

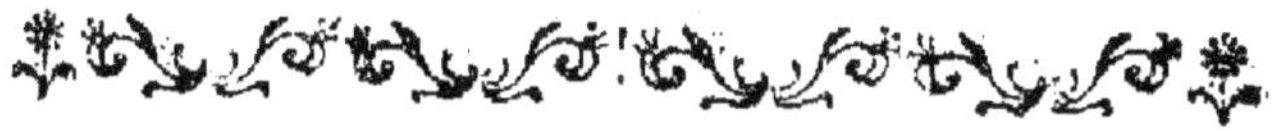

*Reméde contre les cors aux pieds.*

FAites cuire un gousse d'ail dans la
braise ou cendre chaude & appliquez-
la ainsi cuite sur les cors des pieds,
ayant soin de l'y assujettir avec un linge.
On ne doit employer ce reméde qu'au
moment où l'on se met au lit & en se
levant on se trouve guéri.

*Description de la Ville de Peckin.*

PEckin Capitale de l'Empire de la
Chine a huit lieues de tour ; ses murs
sont hauts de cent cinquante pieds &
si larges, que plusieurs personnes à cheval peuvent s'y promener ; on y monte
par une pente douce & presque imper-
ceptible : d'espace en espace sont éle-
vées de grosses tours quarrées pour dé-

fendre la Ville. Le foſſé eſt ſec, mais
large & profond. Les portes ont cent
vingt pieds de haut. A chacune ſont
deux grandes Tours, l'une du côté de
la campagne, & l'autre qui domine ſur
toute la Ville : au bas eſt une grande
Salle, où ſe tient le Corps de Garde.
Preſque toutes les rues ſont tirées au
cordeau : la plus grande a 120 pieds
de large & une lieue de longueur. Dans
les rues marchandes on voit à droite &
à gauche, une longue ſuite de bouti-
ques ornées de Porcelaines, d'ouvrages
de Vernis & d'Étoffes ſuperbes. Chaque Marchand a devant ſa porte un écri-
teau vernis & doré, ſur lequel ſont
ſpecifiées toutes les Marchandiſes, qu'il
a chez lui. Il ſe trouve dans tous les
Quartiers un Peuple ſi nombreux, que
les principaux ſont contraints de faire
courir devant eux, un homme à cheval qui écarte la foule. Cette Ville contient vingt mille Habitans. La Garni-
ſon eſt de quarante mille hommes ; toutes
les portes ſe ferment à l'entrée de la nuit.

## Description de Constantinople.

LE Spectacle que Constantinople offre dans un certain éloignement est unique dans le Monde : trois Amphithéâtres de maisons, dont les deux premiers sont surmontés par sept mosquées, ou églises d'une si prodigieuse élévation, que toute la Ville en est commandée : soit qu'on fixe un coup d'œil de Pera, qui est un de ses Faubourgs, soit qu'on l'envisage de Calcedoine, qui est vis-à-vis : tout paroît ravissant dans la disposition de cette immense cité. Les Faubourgs de Pera, de Galata & de Tophana allongent beaucoup Constantinople, & continuent l'Amphithéâtre du côté de la Mer pendant quatre lieues, de sorte que cette Ville, avec ses dépendances peut en avoir quinze de circuit. Lorsque les rayons du Soleil commencent à paroître ; la vue des Temples dont les Dômes sont dorés, celle des édifices peints de plusieurs couleurs & de la Mer, forment une perspective majestueuse qu'on ne peut se lasser d'admirer. Le Serrail sur-tout, qui s'avance en pointe dans la Mer, vers le milieu de la Ca-

pitale devient lui même un très - grand
quartier, où l'on ne voit que des Cabi-
nets de marbre d'une forme élégante,
des Arbres toujours verds, des Bocages,
des Avenues, des Berceaux impénétra-
bles à la lumière, des Fontaines, dont les
eaux jailliſſantes s'élevent à perte de vue,
les unes en gerbes, les autres en pyra-
mydes; celles-ci en fléches ou en croiſ-
ſants, celles-là en turbans ou en roſes.
Les eaux ſont conduites dans la Ville,
de ſix à ſept lieues par des aqueducs
bâtis par les Romains, d'un ouvrage &
d'une étendue qui ſurprend tous les
voyageurs. Mais la charmante idée que
l'on ſe forme de Conſtantinople diminue beaucoup, quand on parcourt cette
grande Ville. Ses rues ſont étroites ſi
mal - propres, ſes Maiſons ſont bâties
ſans goût & ſes Quartiers ſans aligne-
ment : ſans ceſſe, il faut monter ou deſcendre, & à la reſerve de la rue d'An-
drinople qui eſt longue, large & bor-
dée d'Hôtels & de Portiques, ainſi que
la grande Place de Lhypodrôme, tout
le reſte n'eſt rien.

# Capture d'un scélérat.

DEux scélérats, dont l'un se nomme Bevan, & l'autre Edmuns, s'étant sauvés depuis peu de la prison de Monsminth, ont été joints par des autres de leurs compagnons; & pour premiers exploits, ces dignes associés se sont jettés sur la maison d'un Fermier, à qui ils ont volé quatre cent florins, beaucoup de linge, quelques provisions, beaucoup d'autres effets & enfin tout ce qu'ils ont pu emporter. Ces misérables avoient excité une telle épouvante dans le Pays, qu'il n'y avoit pas de Village, où l'on ne fut armé pour les attendre; ils furent vigoureusement poursuivis de tous côtés; mais il n'y eut que Bevan de qui on réussit à s'emparer. Ce fut dans les bois qu'on l'atteignit. Ceux qui le poursuivoient lui tirerent de loin 15 coups de fusil sans le blesser & il seroit parvenu à leur échapper, si une petite fille ne l'eut apperçu dans un fossé où il s'étoit caché. Elle cria le voici, le voici & sur le champ, le plus intrépide de la bande s'avança sur lui. Bevan tira de fa poche un long couteau , en jurant qu'il fendroit la poitrine au premier qui approcheroit ; malgré fa ménace, le payfan lui donna fur la tête un coup de fufil qui le renverfa par terre, auffitôt on fe faifit de lui. Il eft d'autant plus heureux que ce fcélérat ait été arrêté , qu'il avoit la tête pleine de projets de vols & d'affaffinats.

### *Recette contre les Punaifes.*

PRenez une livre d'efprit de vin rectifié , une livre d'efprit de térébentine ; mêlez les enfemble avec une demi-once de camphre pilé qui s'y diffoude fur le champ ; remuez bien la bouteille, trempez une broffe dans la liqueur, frottez-en les endroits où font les punaifes, elles mourront dans l'inftant & les œufs même feront détruits.

## Enfant trouvé dans les bois.

DEux particuliers qui chaſſoient près
de Huningue à une petite lieue de Bâle
en Suiſſe, apperçurent une eſpéce d'A-
nimal marchant à quatre pattes, &
qu'ils ne purent diſtinguer dans l'éloignement où ils ſe trouvoient; un des
chaſſeurs alloit tirer ſur lui, lorſque
l'autre en l'examinant attentivement,
crut reconnoître en lui quelque choſe
d'humain. Ils s'en approcherent avec
précaution, & trouverent un enfant qui
pouvoit avoir environ douze ans. Il ne
donna aucun ſigne de frayeur, ne fit
aucune réſiſtance, lorſqu'on le prit par
la main & ſe laiſſa conduire à Bâle. Le
bruit de cette nouvelle s'étant répandu,
on vit, quelque tems après, arriver
une femme qui reclamoit cet enfant.
Vers l'an 1774 elle accoucha à Colmar
d'un enfant mâle, qu'elle donna à nourrir à une femme des environs. Il diſ-
parut lorſqu'il n'avoit pas encore trois
ans, ſans qu'on ait pu ſavoir aucune
nouvelle ſur ſa deſtinée. Cette femme
a cru reconnoître dans celui qu'on a

trouvé, des signes qu'elle avoit remarqués dans le sien ; elle l'a adopté pour son fils. Cet enfant a dedaigné dans les commencemens les mets qu'on lui a présentés. Il se jettoit avidement sur l'herbe, qu'il mêloit avec de la terre & qu'il mange. Le Médecin qui le soigne s'éfforce de l'accoutumer à la nourriture qui lui est naturelle. Il a déjà perdu de cette férocité que le séjour des bois lui avoit inspirée. On l'a habillé & il n'a temoigné aucune répugnance pour être couvert.

## ANECDOTE.

UNe femme de la première distinction de Paris, reçut il y a quelques années, d'une main inconnue, un petit panier, ou elle trouva une petite fille, qui ne faisoit que de venir au monde, accompagnée d'un billet dont l'écriture étoit d'une main de femme. On s'y repandoit en éloges sur la bonté reconnue de la Dame ; on la supplioit d'accorder sa protection à un enfant malheureux, fruit de l'amour, dont on lui

confioit l'exiftence ainfi que le repos &
le bonheur de fa mère. A ce billet
étoit joint une fomme confidérable en
billets de la Caiffe d'efcompte. La
Comteffe de C . . . . . prit le plus grand
foin de cet enfant, lui donna une éducation auffi brillante que fi c'eut été fa
propre fille, & lorfqu'elle fut en âge
de paroître dans le monde, la préfenta
à la Cour. Son aimable pupille fe con-
cilia l'eftime & l'amitié de tout le
monde. Elle eut le mois dernier dix-
huit ans, & jufqu'alors aucun renfei-
gnement n'avoit été donné fur fon
compte. L'hiftoire de fa naiffance de-
meuroit cachée entre fa Mère, fon Père
& un domeftique affidé qu'on n'avoit
pu s'empêcher de mettre dans le fecret.
Elle n'en feroit probablement jamais
fortie fi fon Père, qui eft un très-
grand Seigneur, ayant perdu une femme qu'il avoit époufée par ambition,
au lieu de la Demoifelle qu'il avoit fé-
duite, ne fe fut pas rappellé la manière
indigne dont il s'étoit conduit avec
cette dernière, & n'eut réfolu de réparer fes torts. Il eft venu lui offrir la
main & tous deux ont reclamé le dépôt qu'ils avoient confié à l'amitié. La

Comteſſe de C . . . . . . . n'a pu ſe refu-
ſer à leur demande, mais elle conſerve
toujours pour ſa pupille, les ſentimens
& la tendreſſe d'une mère.

*Recette admirable pour les yeux.*

IL faut vers la St. Jean cueillir des
Bleuettes ( ou Barbeaux ) on prendra
une bouteille dont l'ouverture ſoit large, on effeuillera les Bleuettes toutes
fraîches, & l'on mettra la feuille de la
Fleur ſeulement dans la bouteille environ la moitié. On remplira cette bouteille d'eau de fontaine, qu'il faut me-
ſurer : pour chaque pinte d'eau, on y
mettra la groſſeur d'une petite noix de
Couperoſe blanche : on couvrira la bouteille d'un morceau de papier à ſucre,
dans lequel on fera dix à douze trous
avec une éguille aſſez groſſe. On expoſera cette bouteille au Soleil, en obſer-
vant de ne la point laiſſer ni à la pluye,
ni au ſerein : on remuera la Fleur tous
les jours, matin & ſoir avec une patule
de bois qui n'ait pas ſervi, juſqu'à ce

qu'elle ait pris de la blancheur. On
paſſera enſuite cette eau dans un linge
bien propre en épurant la Fleur; après
quoi on remettra l'eau dans la même
bouteille, qu'on bouchera avec précaution, de ſorte qu'il ne puiſſe y entrer
d'air ; on l'expoſera encore au Soleil
ſans interruption. Lorſqu'il ſe ſera formé un marc, au fond & au-deſſus de
la Liqueur, on la paſſera encore par
un linge fin, & on la mettra dans la
même bouteille ou dans une autre que
l'on tiendra toujours bien bouchée, &
l'on s'en ſervira au beſoin.

Cette eau guérit les picotemens, rou-
geurs, inflammations & enfin tous les
maux d'yeux.

Il faut obſerver de ne pas cueillir
les Bleuettes d'avance, mais le matin du
jour où on les effeuille, & quand elles
ſont effeuillées les mettre tout de ſuite
dans la bouteille.

# ANECDOTE.

UN Viellard riche, mort depuis peu, avoit renvoyé tous les domestiques, pour épargner leurs gages & leur nourriture; mais quoi qu'il fut avare, il avoit la vanité de ne vouloir pas le paroître; il avoit conservé, de tous les habits de livrée, qu'il avoit vendus, une seule manche, qu'il passoit dans son bras lorsqu'il vouloit jetter de l'eau par sa fénêtre; afin que les voisins ne s'apperçussent pas qu'il se servoit lui même. Avant qu'il eut renvoyé ses domestiques, s'il avoit une longue course à faire il empruntoit leurs souliers pour ménager les siens.

# SUICIDE.

UN paysan des environs de Bruxelles, aimant sa femme à l'idolâtrie avoit fait serment, que dans le cas où elle mourroit avant lui, il ne lui survivroit pas un mois. La femme est morte il y a six semaines : & huit jours après on a trouvé le mari pendu dans sa chambre avec ses jarretieres.

On mande de . . . . . qu'une jeune Demoiselle victime de la séduction, voulant cacher sa honte à ses parens, se rendit il y a quelques mois à Bruxelles, en se trouvant sans aucune connoissance, elle se vit bientôt réduite à la plus affreuse indigence. Aveuglée par le désespoir, elle se détermine à tirer parti de sa figure pour prolonger sa malheureuse existence. En conséquence elle se rend un soir au Parc; elle y est à peine, qu'elle apperçoit un homme; elle l'acoste les yeux baissés; novice dans le métier de la prostitution, elle en ignore le langage; elle veut parler à cet homme, & elle ne fait que bégayer; elle étoit prête à se retirer, lorsqu'elle entendit une voix qui lui fut toujours chère, prononcer ces mots : oh ma fille ! . . . . . . ma fille. Interdite & confuse, elle perd connoissance & ne revient à elle, que lorsqu'elle se trouve dans un Fiacre entre les bras de son respectable & malheureux père, qui est un des plus riches particuliers de . . . . . . . . .

# ANECDOTE.

SUr les deux heures après minuit deux hommes se presentent dernierement chez une Sage-Femme, & lui font entendre qu'ils viennent la chercher pour accoucher une fille de la plus grande qualité, qui a eu la foiblesse de se laisser tromper par un malheureux qui l'a séduite. Pour être plus sûr de sa discrétion, on exige d'elle, qu'elle se laisse bander les yeux. Elle y consent. Une voiture l'attend à la porte ; on y monte, & après l'avoir promené pendant trois ou quatre heures, on la fait monter dans une chambre. Là on lui ôte le bandeau. Elle voit un très-grand feu allumé : elle s'approche d'une jeune fille d'une beauté remarquable. Cette infortunée lui dit tout bas : *Madame, par pitié arrachez moi la vie.* Mais comme elle étoit observée avec le plus grand soin, & qu'elle craignoit elle-même pour ses jours, la Sage-Femme n'osa jamais lui demander la cause de ses alarmes, quelque desir qu'elle eut de la savoir. Enfin elle accouche cette fille d'un garçon ; elle veut ensuite acommoder l'enfant : mais les deux hommes qui l'avoient amenée & qui se promenoient dans la chambre pendant l'opération, ne voulurent jamais lui permettre de l'emmailloter. Elle fit observer que le feu extraordinaire qui étoit dans la cheminée étoit capable de faire mourir l'accouchée, on ne lui répondit rien. On la paya largement, on lui rebanda les yeux, on la fit descendre, mais à peine fut-elle à la porte de la rue, qu'elle entendit des cris épouvantables. On la fit monter dans une voiture, & les deux hommes qui l'avoient amenée, la reconduisirent chez elle, après l'avoir promenée deux ou trois heures. Malgré les recherches qu'on ait pu faire, on n'a pu découvrir aucun indice sur un événement aussi singulier.

## Sort effroyable de deux Amans.

IL y a quelques années qu'un de mes amis en rentrant à Bruxelles, entre midi & une heure, après un mois d'absence, vit sa voiture arrêtée par une

grand concours de monde qui précé-
doit & fuivoit la Maréchauffée, conduifant au fupplice une criminelle. Mais
quelle fut fa furprife, lorfqu'il vit en
elle une femme de 24 à 25 ans, grande,
bien faite, d'une figure, dont l'horreur
de fa fituation, n'empêchoit pas qu'on
entrevit des traits faits pour intéreffer
en fa faveur, & pour comble de fingu-
larité, couverte de la tête aux pieds
d'un pantalon de Satin blanc. On juge
bien qu'en arrivant chez lui, fon premier foin fut de chercher des éclairciffe-
mens, tant fur le crime de cette fentence,
que fur la caufe de l'étrange habillement
fous lequel elle alloit fubir fa fentence.
„ Je fuis en état de vous fatisfaire fur
„ ce fujet „ lui dit un homme de Juftice de fa connoiffance „ comme ayant
„ été témoin de fon interrogatoire au
„ premier Tribunal, dont la fentence fut
„ confirmée hier au Confeil fouverain
„ de Brabant „ ---- Pour abréger, dit-
„ elle au Juge, d'un ton ferme, quoi-
„ que décent, des procédures, dont
„ la lenteur feroit pour moi pire que la
„ mort même, daignez Monfieur en-
„ tendre mon Hiftoire . . . . . Vous
„ ne me verrez en rien diffimuler, fauf

» ce qui touche ma naissance, qui vous
» importe peu, sans doute, mais dont
» les tortures les plus affreuses ne pour-
» roient m'arracher le secret. J'avois
» seize ans au plus, lors qu'après avoir
» été la victime d'une séduction dont il
» est peu d'exemples; arrivée à Paris,
» sous un autre nom que le mien, les
» mains dans lesquelles je tombai, ache-
» verent d'autant plus aisément de creu-
» ser l'abyme d'où je ne pus me retirer,
» que mon inexpérience, jointe aux
» défauts de tous secours, sembloient
» m'en interdire, jusqu'à l'espoir même.
» Après avoir passé par tous les dégrés
» d'une vie aussi malheureuse que cou-
» pable, & dont les détails ne se présu-
» ment que trop aisément, victime d'u-
» ne maladie que la misère aigrissoit
» encore; un homme du commun, il est
» vrai, c'est-à-dire un des cochers du
» feu Prince de Conty, & le seul hom-
» me que j'eusse vraiement aimé, vint
» m'offrir des secours, au moyen des-
» quels je revins à la vie, que je jurai
» de lui sacrifier toute entière. Pour
» comble de bonheur, un billet de
» Loterie qui me valut cinq mille flo-
» rins me mit en état d'acquitter ma

» reconnoissance envers mon amant; &
» la passion que nous conçumes l'un
» pour l'autre , s'accrut bientôt au
» point , que nous résolumes de ne plus
» vivre désormais que pour nous seuls,
» en renonçant sans retour à nos éga-
» remens mutuels, de nous unir à jamais
» par un lien sacré, que nous jurames
» de respecter jusqu'à dévoüer notre
» vie même à la vengeance de celui
» des deux, qui se trouveroit convaincu
» d'en avoir violé la loi. J'ose même
» affirmer, Monsieur, & le défunt en
» convenoit, que ce devoir à partir de
» cet instant, fut toujours un plaisir
» pour moi, bien que le retour de ma
» santé m'eut procuré plusieurs offres,
» que mes refus rendoient encore plus
» puissantes. Tous deux heureux, en
» un mot, dans un état de médiocrité
» qui nous mettoit au-dessus des be-
» soins, rien ne troubla notre bonheur
» que la mort du Prince, auquel étoit
» attaché mon mari, & qui tout à coup
» emporta la moitié de notre petit re-
» venu. Sur quoi M. le Comte de ****,
» que mon époux avoit autrefois servi,
» s'étant offert à lui procurer une place
» de cocher en second chez leurs Al-

» teſſes Royales, nous nous déterminâ-
» mes à partir pour Bruxelles, où j'em-
» ployai les fonds qui nous reſtoient
» dans un petit commerce, en atten-
» dant la réuſſite de ce dont le Comte
» nous avoit flatté. Mais l'oiſiveté, ſource
» affreuſe de tous les vices, & le dé-
» faut d'amuſement, ayant bientôt attiré
» mon mari dans les guinguettes des
» Fauxbourgs; le bruit d'une infidélité
» qu'il m'y faiſoit vint juſqu'à moi, &
» me mit dans un état, qui lui fit crain-
» dre pour ma vie . . . . . . Mais ſon re-
» pentir me parut ſi ſincère, qu'après
» lui avoir vivement rappellé notre
» convention, je me laiſſai fléchir, mais
» en lui proteſtant qu'au cas qu'il y
» manquât de nouveau, rien ne m'em-
» pêcheroit de l'accomplir. Hélas ! le
» traître me trompoit encore. . . . . . &
» je fus aſſez lâche pour lui pardonner
» cette nouvelle trahiſon. Mais ayant
» appris depuis peu, non ſeulement
» qu'il me manquoit ſur de nouveaux
» faits, mais qu'après m'avoir volé ce
» que j'avois d'argent & de bijoux,
» ſon projet & celui de ma rivale étoit
» de partir nuitamment pour Paris; rien
» ne put me calmer, ni différer ma ven-

» geance : dès la nuit même elle fut
» accomplie, & sa propre épée m'y ser-
» vit d'inftrument. J'aurois pu me fau-
» ver, j'avois au moins quatre heures
» devant moi : j'avois à ce deffein con-
» gédié mes domeftiques, & j'aurois été
» bien loin de Bruxelles avant qu'on y
» connut mon crime. Mais à la vue du
» fang de mon époux, de ce fang for-
» tant à gros bouillons de fa bleffure, &
» pour lequel j'aurois, deux mois au-
» paravant, & fans regret, repandu
» tout le mien . . . . . Saifie d'horreur,
» & perdant toute efpèce de fentimens,
» je ne revins quelque tems à la vie,
» que pour le voir expirant dans mes
» bras. Sur quoi ma main, en repre-
» nant le fanglant inftrument de ma
» vengeance, alloit le plonger dans
» mon fein . . . . Lorfque m'arrêtant tout-
» à-coup : non ! dis-je, non, ce fup-
» plice feroit trop doux. Le plus cruel
» ne fauroit l'être affez, pour expier
» tel forfait. . . . . . . Vous favez le refte,
» Monfieur, continua la criminelle, en
» s'adreffant au Juge, affermie fans retour
» dans une réfolution, qui fembloit
» adoucir, en quelque façon, l'affreux
» tourment de fes remords, je ne fon-

„ geai pas un inftant à quitter le corps
„ de ma victime, jufquà celui que la
„ Juftice eft venue s'emparer de celle
„ qui n'implore d'elle aujourd'huy que
„ de hâter la peine due au plus hor-
„ rible des forfaits —— Je vous avoue-
„ rai, Monfieur, ajouta l'homme de
„ Juftice à mon Ami que rien ne
„ m'affecta jamais plus vivement que
„ la confeffion de cette femme; elle
„ m'intéreffa au point, que curieux de
„ voir fi fa fermeté fe foutiendroit en
„ préfence du Confeil de Brabant, lorf-
„ qu'elle y viendroit recevoir fa fen-
„ tence; je m'empreffai de m'y trou-
„ ver hier matin, une heure au
„ moins avant fon arrivée aux pieds
„ des Juges. Mais au très grand éton-
„ nement de l'Affemblée, elle ne dé-
„ mentit en rien fon caractère, fi ce
„ n'eft au moment, que s'entendant
„ condamner *à la roue;* après un cri
„ perçant, qui nous pénétra tous juf-
„ qu'à l'ame, exprimant à la fois fon
„ indignation & fa furprife.... *La*
„ *roue!* s'ecria-t-elle avec tranfport; *la*
„ *roue!* .... *Oubliez-vous, que je*
„ *fuis femme?* telle eft, lui dit-on,
„ la Loi de l'Empereur Charles Quint,

G

„ contre celles qui font convaincues
„ d'un crime tel que le votre --- *le*
„ *barbare !* .... *Ah ! fi je l'avois fçu*,
„ dit-elle alors d'un ton qu'etouffoient
„ fes fanglots. Mais en fe reprenant l'inf-
„ tant d'après.... *Pardon , Meffieurs ,*
„ *pardon ,* ajouta-t-elle , *il n'eft forte*
„ *de tourments & d'humiliations , dont*
„ *je ne fuis en effet digne. . . . per-*
„ *mettez feulement, & je prendrai mon*
„ *fort à gré; permettez dis-je, que je*
„ *ne paroiffe fur l'échafaut qu'avec les*
„ *voiles néceffaires.*

*Crime d'un genre nouveau.*

DAns un Quartier retiré de Paris, un Particulier vivoit à l'exterieur d'une manière très - regulière. Affidu aux exercices de la Religion, il avoit édifié par fa conduite, tout le Clergé & tous les Habitans de la Paroiffe. On le citoit pour exemple; on ne l'appelloit que le *Saint Homme.* Mais il n'étoit rien moins que ce qu'il paroiffoit. Sous le voile de la dévotion, il cachoit une ame atroce. Il enlevoit à droite à gauche les jeunes filles des pauvres parens, leur faifant efperer qu'il les placeroit avantageufement. Bien loin de remplir ces engagemens, ce malheureux rendoit ces jeunes filles & les livroit à la plus affreufe proftitution. Une de ces infortunées entre autres, qui depuis trois jours combattoit pour fa vertu & s'oppofoit aux perfécutions de cet indigne fuborneur ; douée d'une ame forte conçut un jour le génereux deffein de lui échapper à tel prix que ce fut. Elle trace avec fon fang fur un papier l'hiftoire de fes malheurs & de fon oppreffion , & l'adreffe au Vicaire de la Paroiffe. Elle jette par la fenêtre cet écrit, qu'elle abandonne au hazard. Heureufement celui qui le trouva le lut, le porta au Vicaire & lui indiqua l'endroit où il avoit ramaffé ce papier. l'Eccléfiaftique va trouver le Procureur Général, lui remet l'écrit & lui défigne l'homme en queftion , fous les traits les plus capables à le faire connoître. Il y a long-tems, dit le Procureur Général, que je cherche un homme du caractère dont vous le depeignez. Je veux m'en affurer & j'y mettrai ordre. Il écrit en conféquence à ce féducteur la Lettre la plus preffante. Et lui marquant qu'inftruit du bien qu'il faifoit fur fa Paroiffe, il defiroit le voir pour lui communiquer des chofes très-importantes ; qu'il l'attendoit à telle heure, le priant de fe rendre chez lui au tems marqué. Cet homme plein de confiance fe rend à l'invitation du Magiftrat. Celui-ci le reçoit avec l'accueil le mieux concerté, & s'amufe par le recit qu'il lui fait faire de ces prétendues bonnes œuvres. Dans cet intervalle un Commiffaire eft envoyé chez l'homme en queftion, accompagné de quatre Officiers de Police. Ils trouvent en effet douze jeunes filles réduites à la plus extrême misère, & dont le plus grand nombre avoit déjà sacrifié sa vertu. Le Commissaire demande celle qui avoit écrit la Lettre. Cette jeune personne pleine de joie de ce que son projet avoit réussi, raconte avec ingénuité, toutes les vexations qu'elle avoit essuyées. Elle ajouta, que renfermée depuis trois jours seulement dans ce lieu infâme, elle étoit venue à bout de résister aux indignes suggestions de son abominable tyran. Le Commissaire bien instruit, va rendre compte de sa commission au Procureur Général, & laisse ses assistans dans la Maison. Après avoir parlé en secret au Magistrat, il en reçoit l'ordre de faire arrêter à la sortie de son Hôtel, l'abominable imposteur; ce qui fut exécuté. La Paroisse prend soin des jeunes filles.

---

## Victimes de l'Amour.

UNe jeune Demoiselle aimoit un Homme, dont le rang, les qualités, l'âge, les agrémens lui convenoient :

les parens se sont élevés contre le Mariage que son cœur avoit projetté, & l'ont forcé à s'ensevelir dans un Cloître. La Demoiselle à la veille de prendre un parti si contraire à ses desirs, a soupé avec son Amant. Tous les deux ont été trouvés morts dans leurs lits le lendemain matin. La jeune personne avoit empoisonné l'homme, qu'elle ne pouvoit épouser & avoit partagé le poison. On a trouvé une Lettre dans la quelle la Demoiselle, écrit que ne pouvant se fier à tout ce qu'elle aimoit au monde, elle l'a entraîné avec elle dans le tombeau, & que du moins ses parens n'empêcheront point que la mort ne les unisse ; elle demandoit qu'ils fussent mis dans le même tombeau.

Le Sieur le D..... Procureur au Parlement étoit allé passer quelques jours à la campagne avec son épouse. Il avoit laissé chez lui un jeune Homme de 16 à 17 ans, qui avoit conçu pour sa femme une passion violente. M. D.... envoye son domestique à Paris chercher une robe que sa femme avoit oubliée ; la robe ne se trouve point ; & le domestique va rejoindre ses Maîtres.

Au retour de la campagne on eſt in-
quiet du jeune Homme qui ne paroit
pas. On fait des recherches infruĉtueu-
ſes, on veut ouvrir ſa chambre; les
verroux la fermoient en dedans. On
enfonce la porte & l'on trouve le malheureux jeune Homme baigné dans ſon
ſang. Par une de ces idées bizarres,
que le délire ſeul de l'Amour peut con-
cevoir, il avoit quitté ſes habits pour
ſe revêtir de la robe que M. D...,
avoit oubliée.

## Autre victimes de l'Amour.

UN étudiant en Médecine de l'U-
niverſité de Vienne, âgé de 22 ans,
s'étoit tellement paſſionné pour une
Demoiſelle, que l'Amour lui a tourné la
tête ; on l'a trouvé dernierement percé
de pluſieurs coups de couteaux & baigné dans ſon ſang.

On écrit de Namur, qu'une Demoiſelle d'une ville voiſine étoit devenue
ſenſible pour un jeune Homme, qui dès

le premier inftant qu'il la vit, fut épris
de fes charmes. Leur Amour fut conf-
tant pendant quelques Années, mais le
jeune Homme s'étoit engagé depuis peu
dans de nouveaux fers. La Demoifelle
outrée de fa légéreté, fe rendit le Di-
manche gras mafquée & en domino,
au Bal, où elle favoit qu'étoit le vo-
lage. Elle l'approche, & l'invite en
déguifant fa voix à fortir de la Salle.
Quand ils font dehors; fuis moi, lui
dit-elle, fi tu n'eft pas un lâche. Elle
le conduifit dans une rue peu fréquen-
tée; là, elle lui préfenta une épée en
fe démafquant, & le conjura avec vivacité de lui ôter la vie, qui lui étoit
odieufe, depuis qu'elle avoit perdu le
cœur de fon Amant. Celui-ci attendri
jufqu'aux larmes, lui demanda pardon
de fon inconftance, & lui promit de
n'aimer qu'elle. Mais oubliant bientot
fes promefles il fut de nouveau parjure,
alors fa Maîtreffe n'ecoutant que fon
défefpoir, s'eft empoifonnée avec du
verd de gris...

# ACCIDENT TERRIBLE,

*D'une fille tombée dans la rage.*
*Contre la critique injuste du*
*pélerinage de Saint Hubert*
*des Ardennes.*

COmme la compagnie du bateau n'étoit composée que de gens du dernier état, & qu'à l'exception de Monsieur de Sêle nous ne devions pas nous attendre à voir beaucoup de ressource & d'agréments dans ce voyage, nous demandames, en arrivant à l'auberge, une chambre pour trois, dans laquelle nous nous fimes servir avec certaine distinction. Prévenus que nous partirions le lendemain vers trois heures, nous ne restames pas long-tems à table, & nous nous couchames vers les neuf heures, ne pensant guères à l'accident funeste qui étoit sur le point d'interrompre notre repos.

C'étoit dans le premier sommeil & dans le temps de la nuit, où le silence regne même jusques parmi les animaux. Je m'éveillai par une secousse semblable à celle que donneroit à nos mem-

bres l'impreſſion d'un fâcheux ſonge.
A l'inſtant, mes oreilles furent frappées
du bruit de pluſieurs coups redoublés
au-deſſus de ma tête, & qui paroiſ-
ſoient être d'une perſonne qui feroit
violence à une porte pour en arracher
les gonds & la ſerrure. A ces premiers
mouvements ſuccéderent des frappe-
ments de mur & de plancher, puis
des gémiſſements profonds & des éclats
de douleur. J'entendis enſuite des
chaiſes ſe culebuter, des fenêtres ſe
briſer, des rideaux de lit s'arracher,
& pluſieurs autres meubles rouler ſur
le plafond avec un grand fracas. Monſieur de Sêle & le chevalier, qui
étoient dans deux lits voiſins, n'en
furent pas moins affectés que moi. Notre premiere idée fut que tout ce va-
carme n'étoit occaſionné que par des
chats, mais des paroles mal articulées
& le déplacement de pluſieurs maſſes
trop lourdes pour être renverſées par
ces animaux, nous firent bientôt changer de ſentiment, de ſorte que nous
fûmes naturellement perſuadés qu'il
étoit queſtion d'un aſſaſſinat. Dans cette
opinion, nous nous levons à la hâte,
j'ouvre les portes de la chambre, je

faute à mes armes, j'éveille toute la maison. Ces précautions étoient bien vaines, & une vieille servante, qui entra dans ce moment à la cuisine, nous mit bientôt au fait du genre de malheur qui nous causoit tant d'effroi. Au secours, notre maître, s'écria-t-elle toute tremblante, votre fille est tombée dans la rage. Alors tout le monde est sur pied, & l'on se rend à la hâte dans la chambre de cette infortunée : nous y courons comme les autres, & quel spectacle s'offre à nos regards ! une jeune fille de dix-sept ans, à demi nue, crachant autour d'elle, le visage enflammé comme un charbon ardent, des yeux sortant de la tête, mordant le bois des armoires, des coffres & du lit, déchirant sa chemise par lambeaux, se frappant la tête contre la cheminée, éprouvant des angoisses & des agitations inconcevables, & criant d'une voix rauque & entrecoupée qu'on l'assommât sur la place. Monsieur de Samberg, obligeant & plein de feu, voulut s'avancer pour saisir la malade ; mais elle lui cria qu'il eut à sortir bien vîte, ou qu'elle alloit se jetter sur lui & lui déchirer la chair du visage &

des bras : „ Mon Dieu ! difoit la me-
„ re toute en larmes, laiſſera-t-on de la
„ forte périr ma pauvre fille „? Mais
chacun, appréhendant pour ſoi-même,
ſe contenta de déplorer ſon malheur,
ſans oſer faire un pas pour la ſecourir.
Un ſeul homme, très-robuſte, & moins
touché que les autres, propoſa aux aſ-
ſiſtans de fondre ſur elle tous enſemble,
de la ſaiſir par la tête & par les pieds,
de l'étendre ſur ſon lit, & de l'étouf-
fer entre deux matelas. Cette propoſi-
tion me fit horreur. Je pouſſai ce ruſtre
contre le mur de la galerie, & me faiſant aider de mes compagnons & de
deux Savoyards pleins de courage &
de bonne volonté, nous environnâmes
cette malheureuſe dans le ſeul deſſein
de calmer ſes tranſports & d'en arrêter
les fâcheux progrès. Elle parut auſſi-
tôt deviner notre intention, s'apperce-
vant que nous étions ſur le point de
l'empoigner, elle ouvrit le pan d'une
croiſée qui donnoit ſur la Loire, &
s'élança d'un plein ſaut dans ce fleuve.
Les cris des ſpectateurs redoublerent à
cet aſpect, & les deux Savoyards,
ſans ſe troubler, deſcendirent précipi-
tamment, ouvrirent une porte qui don-

noit fur le rivage, coupèrent le cable d'une petite barque, & à force de perches & d'avirons, joignirent cette forcenée, qu'ils eurent le bonheur de faifir par les cheveux & d'amener à bord. La lune luifoit d'une lumiere fort pure, & ce fut un bonheur pour ces deux hommes, qui, fans cela, euffent manqué leur proie, & couru les rifques d'être emportés par le courant du fleuve & d'être fubmergés. Toute la maifon s'empreffa de tranfporter cette enfant fur un lit, où elle ne donna pas le moindre figne de vie. Monficur de Séle, avoit été plufieurs fois témoin des fecours que l'on procuroit aux noyés, la fit frotter long-temps avec des linges très-chauds. Une voifine robufte s'offrit de lui fouffler fortement dans les poûmons; arriva dans l'entrefaite un chirurgien qui employa les fumigations, & lui ouvrit la veine jugulaire. Enfin, pour derniere reffource, on eut recours aux fternutatoires, qui opérèrent l'effet defiré. La fille ouvrit les yeux, fon pouls fe mit en jeu, & fes membres parurent légérement agités. Nous aurions bien defiré la voir fe donner des mouvements plus mar-

quês, mais l'épuifement caufé par l'excès de la rage, ne lui permettoit pas
de changer de fituation. Néanmoins,
le chirurgien, content du fuccès de
cette tentative, fe chargea de la traiter pour tout le refte, affurant, avec
la confiance qu'infpire la profonde étu-
de de l'art, jointe à l'efpérance, qu'il
la guériroit radicalement. Cinq ou fix
payfannes s'aviferent de lui foutenir que
jamais on n'avoit entendu dire que perfonne pût revenir de cette maladie, &
que c'étoit de l'argent perdu. Le chirurgien, qui n'étoit pas endurant, les
prit par les bras, & pour toute réponfe
les pouffa dans la cour, ne réfervant
avec lui qu'un domeftique de bonne
volonté, & prompt à exécuter fes ordres. Vous penfez donc, Monfieur,
lui dis-je avant de le quitter, que cette
pauvre fille n'eft pas dans un état dé-
fefpéré? En vérité, je le defire autant
que perfonne, & pour vous prouver la
fincérité de nos difpofitions, faites-moi
la grace d'accepter ces quatre louis,
qui ferviront du moins à payer une
partie de vos remedes & de vos vaca-
tions. Il fit d'abord quelque difficulté
de prendre cet argent, alléguant que

non-feulement fon ufage n'étoit point
de fe faire payer d'avance, mais qu'il
fe feroit fcrupule d'exiger un obole
quand fes remédes n'étoient point cou-
ronnés d'un fuccès heureux. Oferois-je
vous demander en peu de mots, lui
dit le chevalier, de quelle maniere vous
vous y prendrez pour opérer cette guérifon ? Monfieur, répondit le chirurgien, il ne faut pas trop répondre des
événements; car, quelle eft la maladie
qui n'ait pas fes cas incurables ? Cependant, à l'aide des obfervations faites
par des hommes très-habiles, que je
me fais un devoir de fuivre, & pré-
venu des effets admirables du mercure,
ainfi que de quelques autres fpécifiques
dont ils ont recommandé l'ufage, j'ofe
préfumer de détruire le venin, & cela
avec d'autant plus de fondement que
voilà la vingtieme fois que je fais des
opérations de ce genre, dont une feule
n'a pas réuffi, parce que le malade étoit
attaqué dès fa naiffance d'humeurs froi-
des, qui avoient fait un tel progrès,
que fes cuiffes & fes jambes en étoient
à moitié rongées. J'avoue que ce traitement eft abfolument nouveau, & que
non-feulement le peuple, mais les fa-

vants mêmes en ont traversé le crédit, comme on a attaqué autrefois l'émétique & aujourd'hui l'inoculation ; mais ces contrariétés font inévitables , & des obfervations juftifiées par la pratique doivent l'emporter fur les cabales des ignares. Tout partifan des anciens fe fait gloire d'illuftrer les vieilles pratiques , & ne combat les nouvelles découvertes que par la feule raifon qu'elles font nouvelles. Nous demandâmes au pere s'il avoit eu quelque avertiffement du malheur qui venoit d'arriver à fa fille. Tout ce que je fais, Meffieurs, nous dit ce bon homme affligé, c'eft qu'une femme paffa chez moi, il y a fix femaines, & qu'elle y prit fon gîte. Comme elle avoit pour toute compagnie un petit chien fort joli, qui lui donnoit de l'inquiétude parce qu'il ne mangeoit pas depuis quatre jours, ma fille, par compaffion, le prit fur fes genoux & lui préfenta un os de mouton qu'elle tenoit à la main. L'animal, au lieu d'en approcher, fe lança très-impétueufement fur le bras de mon enfant, & le lui mordit avec fureur. Dans fa furprife, elle fe hâta de le jetter à terre, & ne penfa plus qu'à la douleur de fon bras. La femme , plus courroucée du mauvais traitement que l'on faisoit à son petit barbet, qu'elle n'étoit sensible à l'accident qu'il avoit causé , fut se coucher en gromelant, & partit le lendemain sans que j'en aie entendu parler depuis. Quant à la plaie de ma fille , elle se referma aussi aisément que si elle n'avoit point été venimeuse ; ce qui nous fit croire que cela n'auroit point de suite. Néanmoins, il y a quelques jours que je m'apperçus que ma fille sentoit au bras une douleur sourde ; la plaie même se gonfla , rougit, & parut jetter une humeur purulente ; l'enfant étoit triste & avoit peine à respirer. Qu'avez-vous donc, lui dis-je ? Mon papa , répondit-elle , je ne sais , mais je me trouve toute engourdie , & j'ai quelquefois des frayeurs , sur-tout quand je dors. Je me trouve bien altérée depuis hier , & cependant je n'oserois boire , car l'idée seule de la boisson me fait de la peine , sur-tout celle de l'eau. Tout cela nous donnoit de l'inquiétude, mais loin de penser à cette maudite bête qui étoit, comme je le vois, la cause du mal , j'attribuai tout ce dérangement à la fatigue , à son âge , à son

H

fexe & à la faifon ; & bien perfuadé
que cette maladie n'auroit point de
fuite , nous laiffames notre enfant tran-
quille , & nous nous contentames de
lui faire prendre une affez bonne nourriture. Voilà , Meffieurs , où en étoient
les chofes quand vous êtes entrés chez
moi , & je ne penfois guères alors au
malheur dont vous avez été témoins.
Le chirurgien ne voulut pas prolonger
la converfation , & confeilla à cette famille affligée , ainfi qu'à nous , d'aller
prendre du repos , alléguant que l'état
actuel de la malade n'exigeoit que fa
préfence & le fecours d'une perfonne
de bonne volonté , telle qu'il la trouva
dans cette vieille fervante , qui avoit été
la premiere avertie de ce malheur.

Nous eumes la fatisfaction , le lendemain de l'embarquement , d'apprendre
dre que cette fille avoit donné des mar-
ques certaines d'un prochain rétabliffe-
ment , & qu'à plufieurs reprifes elle s'é-
toit plainte d'un grand mal de tête.
J'aurois bien defiré que le plan de
notre voyage nous eut permis de refter
encore quelques jours dans cette auberge, pour fuivre les progrès des opéra-

tions de cet honnête chirurgien; mais
le bateau ne devant redescendre la
Loire que dix jours après, & ne trouvant pas de voie plus commode pour
continuer la route, il fallut aller reprendre nos places. Nous dormîmes jusques
vers midi sur de mauvais matelas, & la
compagnie en fit autant, à la réserve
des conducteurs. Le reste du jour se
passa à discourir de cette déplorable
aventure. J'ai entendu, dit Monsieur
de Séle, vanter un grand nombre de
remedes contre la rage, tels que la racine de rosier sauvage cueillie dans
certain temps & sous des aspects favora-
bles de la Lune, tels que la vervenne
& l'origan préparés avec des précautions
qui toutes m'ont paru ridicules. Les
Normands, menacés de ce malheur,
ont recours aux bains de mer, & j'en
ai vu au Havre qu'on y plongeoit à
plusieurs reprises. D'habiles médecins
se déclaroient pour ce dernier traitement, & il faut convenir qu'entre ceux
qui avoient été mordus, & qui se fai-
soient plonger incontinent, le grand
nombre en recevoient un puissant sou-
lagement. Néanmoins ce moyen n'avoit
pas encore le pouvoir de guérir radica-

lement, quand on avoit laissé faire quelques progrès au mal; & si une fois le malade étoit tombé dans l'accès de l'aveu de tous les docteurs, il ne pouvoit plus en revenir. De-là vint qu'on introduisit presque généralement l'horrible coutume de suffoquer sous des couvertures, ou par l'effet du souffre, des infortunés à qui l'on croyoit de la sorte rendre un vrai service de charité. D'autres, ayant horreur d'une pareille action, avoient recours à un expédient qui leur paroissoit moins inhumain, & qui peut-être étoit plus atroce encore ; c'étoit celui d'abandonner un enragé, sans aucun secours, jusqu'à ce qu'épuisé par l'excès de ses violences, ou accablé de besoins, il succombat sous le poids de sa propre foiblesse. Dans ces entrefaites, un fameux chymiste Anglois nouvellement débarqué, entreprit d'employer le mercure, & promit d'en tirer autant de secours que pour les maladies vénériennes, ajoutant que, dans toute maladie où il ne s'agissoit que de purifier le sang d'un poison qui l'infectoit, ce spécifique étoit la ressource la plus prompte & la plus infaillible. Cependant cela parut absurde, par la raison,

fans doute, qu'il étoit nouveau ; de
telle forte qu'il ne manqua pas de s'at-
tirer à dos toute la pharmacopée, laquelle fit jouer tant de refforts, que
les anciennes erreurs prévalurent. Dieu
veuille que notre chirurgien n'éprouve
pas les mêmes contradictions !

Nous avons, lui dis-je, dans le pays
de ma naiffance un remede d'un grand
crédit ; c'eft le pélérinage de Saint
Hubert. Je fais que nos beaux efprits
ont exercé depuis quelque temps leur
verve maligne contre cette dévotion ;
mais de quoi n'a-t-on pas ri, & quelle
pratique religieufe l'incrédulité a-t-elle
épargnée ? Je n'ignore pas même que
le ciel n'étant tenu par aucune loi à
opérer de continuelles merveilles, il eft
arrivé quelquefois que des perfonnes
mordues n'ont pas recouvré la guérifon ;
mais le nombre de celles qui ont été
garanties efficacement, fans recourir à
aucun autre remede, n'eft pas une
preuve équivoque de l'affiftance des
faints. La Sorbonne même ayant été
confultée fur cette dévotion, n'a pas
balancé à décider que l'intervention du
ciel s'y manifeftoit d'une maniere fenfi-

blé. Mais, interrompit Monfieur de Sèle, j'ai entendu parler d'une fainte Etôle dont on infere une particule fous la peau du front des pélérins, & de certaines feuilles pleines d'obfervances fingulieres qu'on a foin de leur diftribuer. On ajoute même que quiconque a été taillé de la forte pour cas de rage, acquiert le privilège d'empêcher pour un temps les effets d'une morfure maligne, & c'eft ce que vous nommez dans vos Ardennes, *donner répit*.

Cela fe pratique en effet, lui répondis-je; & on ne peut affez admirer ces merveilles, qui font devenues prefque journalieres; mais vous obferverez que dans les meilleures chofes, il s'eft de tout temps gliffé grand nombre d'abus, que le vulgaire n'a pas héfité d'adopter, parce qu'il lui faut du merveilleux & du fingulier par-tout. Et d'abord il eft certain que dans les plus anciens monuments de l'hiftoire il n'y a pas un mot de l'apparition d'un crucifix entre les cornes d'un cerf, dans le temps où Saint Hubert n'étant que fimple gentilhomme, s'occupoit du plaifir de la chaffe. Tout ce qui nous a

été tranſmis de ce ſaint perſonnage,
eſt, que dégoûté du monde, & retiré
à Tongres ſous la direction de Saint
Lambert, qui en étoit évêque, il mé-
rita par ſes vertus de lui ſuccéder, &
que pendant ſon miniſtere il ne s'occu-
pa que des beſoins de ſon peuple, &
de la converſion des montagnards qui
habitoient ces contrées alors ſauvages.
Ce fut dans ces exercices qu'il termina
ſa carriere, vers le commencement du
huitieme ſiecle. La légende de ſa vie
n'en dit pas davantage.

Pour ce qui eſt de l'Etôle célèbre
que l'on garde aujourd'hui dans le
monaſtere qui porte ſon nom, il y a
lieu de penſer, par ſa forme, & d'a-
près quelques recherches, qu'elle a ap-
partenu à ce grand évêque, & que
de ſiecle en ſiecle, les fidéles ſe ſont
accoutumés à lui rendre les mêmes reſ-
pects que les premiers Francs rendoient
à la chappe de St. Martin, ou à l'ampoule bénite qui ſert à la conſécration
de nos rois, les Grecs au manteau de
St. Antoine, les Romains aux chaînes
de St. Pierre, & enfin les Syriens à la
chaire de St. Jacques. On y a depuis

ajouté que St. Hubert avoit reçu cet
Étôle des mains d'un ange, comm
quelques écrivains François assurere
qu'une colombe descendue du ciel a
porta la Ste. Ampoule à St. Remi, da
le temps que Clovis étoit dans les fon
baptismaux. D'habiles critiques sauro
toujours donner à ces merveilles le
juste valeur.

Il en sera de même des feuilles dif
tribuées aux pélerins de Saint Huber
que je n'ai gardé de vouloir justifier e
tout. Le nombre des prieres que l'o
doit dire, & la nécessité de faire délie
son bandeau par un prêtre, peuven
être rangées au nombre des pratiques
qui, si elles ne font pas superstitieuses
paroissent au moins superflues. Le reste
semble assez conforme à la saine physi-
que & aux observations des plus habiles médecins.

Si tout cela est ainsi, dit le chevalier, le rétablissement des personnes
mordues n'a donc rien que de naturel;
il n'y a donc plus de miracle ? Par-
donnez-moi, répondis-je ; car il est de
fait, & de fait constant, que ce régi-

...me, fans le pélerinage, n'eſt qu'une précaution qui ne difpenferoit pas des grands remédes : au lieu qu'ici la foi des affligés, jointe au régime, manque rarement de produire un effet heureux. Voilà tout ce que d'habiles obſervateurs, également éloignés de la cenſure odieuſe des efprits forts, & de la crédulité des ignorants, ont cru devoir affirmer d'après une pratique foutenue & des fuccès de la plus grande autorité.

Si donc la guérifon n'a pas fuivi de près le pélerinage, il faut s'en prendre aux difpofitions de ceux qui fe rendent à Saint Hubert, parce qu'une partie de tous ces dévots n'eſt qu'un ramas des gens diffipés, vicieux, manquant de confiance & de foi. Le grand mal eſt que ceux qui fe trouvent les dépofitaires de ces fameuſes reliques, loin de défabufer les fimples, femblent au contraire les fortifier dans leurs erreurs, en tolérant ces médaillons & ces cornets de laiton blanchi, ces livrets pleins d'apparitions & de merveilles apocriphes, que des Cuifires fe chargent d'aller vendre dans les provinces

à d'autres Cuiſtres, au ſon de la caiſſe
& du violon. Abſurdité révoltante, où
l'on ne ſait ce qui eſt le plus blamable,
de la crédulité du payſan, ou de l'in-
dolence de la police qui néglige de
réprimer de pareilles impoſtures.

*Abus des enſeignes d'auberge. Religion
groſſiere des gens de la campagne.*

LA conformité des Aventures de ce
jeune homme avec celles de Madame
de S int-Amour, m'y fit prendre le
plus vif intérêt. C'eſt bien dommage,
Monſi ur, lui dis je, qu'il ne nous ſoit
pas poſſible d'entretenir un commerce
d'amitié avec une perſonne ſi digne de
notre attachement, & que le peu de
ſéjour que nous avons à faire à Lyon
ne nous permette pas de faire connoiſ-
ſance avec votre famille. Comment,
Meſſieurs, interrompit-il! ſoyez perſuadés que mon pere, non ſeulement me
ſaura bon gré d'avoir eu votre compagnie ſur la route, mais qu'il ſe fera
un mérite de vous recevoir chez lui,

& de vous accueillir d'une maniere proportionnée à votre rang ; quant à moi, je ferai très-flatté d'obtenir de vous cette faveur : elle contribuera à alléger les peines que m'a caufées la mort de ma mere, & que la fituation actuelle de fon malheureux époux me rendront encore plus cuifantes dans cette prémiere entrevue.

Nous fumes touchés de la généreufe invitation du jeune de Sêle, & nous lui promimes de l'accompagner jufques chez fon pere, pour qui nous nous fentions déjà fi favorablement prévenus. Le lendemain fe paffa a difcourir de commerce, de marine, & autres objets analogues à fon état & au nôtre. Je demandai enfuite au conducteur du bateau où nous logerions le foir. » A l'auberge du grand Saint Nicolas, me répondit-il : j'ai quitté depuis fix mois le petit Saint Chriftophe, dont le maître eft allé demeurer à Vichi. Ce n'eft maintenant qu'une gargotte, ainfi que le Pere - Eternel, & l'Annonciation. Cependant, chacun eft libre pour fon argent, & fi vous aimez mieux defcendre à la Croix-d'Or, ou au Chef-

Saint-Jean, je vous y ferai conduire;
on y est assez bien, & à bon marché. »
Nous acceptames ce dernier gîte, &
tout de suite nous nous mîmes à discourir sur ces dénominations ridicules. Il
est bien étonnant, disois-je à Monsieur
de Sèle, que votre police néglige de
remédier à l'abus de suspendre aux
portes d'une taverne l'image d'un Saint
ou le signe de notre salut, comme si
la fable ou l'histoire ne fournissoient
pas assez de sujets pour désigner un
endroit où l'on donne à boire & à
manger pour de l'argent. Une ensei-
gne d'auberge ne doit être qu'un être
de raison, & vous en avez fait un signe d'irrévérence , car rien n'est plus
irrévérent & plus scandaleux que de
désigner un mauvais lieu, un cabaret,
un tripot par une peinture devant laquelle nous ne passerions pas sans nous
découvrir, si elle se trouvoit dans une
église ; & nos inconséquences sont telles,
que nous marchons à la suite d'une
croix , ou d'une banniere de confrairie , que nous chargerions de boules
de neiges, si elle se trouvoit suspendue
aux fenêtres d'une hôtellerie.

Nous nous décidâmes donc pour le grand St. Nicolas, & à peine fumes-nous sortis du coche - d'eau, qu'une troupe d'enfans nous environna en demandant si nous voulions entendre un trimoulet. Ce trimoulet est une jeune fille, ordinairement la mieux en figure d'un village, que l'on chamare de rubans & d'oripeau, dont on farde les joues, qui porte à la main un bouquet de papier ou une image de plâtre, & qui, dans un cercle formé par ses compagnes, va & revient gravement sur ses pas en faisant de temps en temps de profondes révérences, tandis que celles-ci armées d'un rameau verd qui représente le mois de Mai, entonnent d'un ton plaintif & chévrotant, en l'honneur de la Vierge, une complainte qui est proprement le renversement du sens commun, & qui n'a pour objet que de tirer des assistants quelque pièce de monnoie. Cet argent se met en bourse commune, & lorsque le temps de cette grossiere comédie est passé, on le destine à acheter un chapeau de brillants pour la Vierge de la Paroisse, & un second pour l'enfant Jesus. Le zéle du paysan pour vêtir & coëffer des statues,

ne fe borne pas à cette imbécille cé-
rémonie. La jeuneffe de deux fexes
fe forge des Patrons en titre, qui tous.
les ans deviennent pour elle un renou-
vellement de plaifirs & de dévotion.
Les filles ont leur Ste. Catherine, &
des habits particuliers pour métamor-
phofer l'une d'entre elles en Vierge &
martyre. Les garçons ont pareillement
leur St. Nicolas, & des ornements pon-
tificaux dont ils affublent un de leurs
camarades, conduifant ainfi ces mar-
moufets, de village en village, chan-
tant des hymnes & des cantiques, &
terminant toujours ces courfes dévotieu-
fes par un répas, une danfe & un pré-
fent à l'églife. Il y a quelque chofe
d'étonnant dans la groffe religion des
campagnes, contre laquelle il feroit même dangereux à un curé de vouloir
trop s'élever ; car le payfan, qui paffe
affez condamnation fur l'article des
mœurs, ne pardonne jamais à un prêtre
d'avoir ridiculifé fes obfervances go-
thiques, parce qu'il les croit liées avec
la doctrine. En France, comme aux
Pays-Bas, il n'eft rien de plus pitoya-
ble, quand on entre dans une églife
de campagne, que d'y voir toutes les.

murailles meublées de figures sans pro-
portions, barbouillées de rouge, de
verd & de bleu, coëffées en dentelles
comme des femmes, portant de gros
chapelets & des houpes de rubans &
de fleurs. Devant chacune de ces images est presque toujours planté un cier-
ge jaune, ou blanc, felon les facultés
des dévotes qui fe chargent de cette
confommation, & ces cierges font gar-
nis de feuillages, de banderoles & autres ornements de cette efpece, dont
l'entretien fuffiroit à la nourriture d'un
pauvre pendant trois mois. Ce n'eft
pas tout encore ; car chaque faint a fa
confrairie, fon bâton & fa couronne.
Ici, c'eft la confrairie de St. Eloy
pour les laboureurs, quoique St. Eloy
n'ait jamais tracé un fillon ; là, celle
de St. Urbain pour les vignerons,
quoiqu'il ne foit point dit dans la vie
de ce pape qu'il ait jamais cultivé un
cep, ni une treille. St. Sébaftien, St.
Roch, St. Antoine & quantité d'autres
ont auffi leurs ferviteurs & leurs cierges, & le plus grand luminaire, la figure la plus coloffale eft à coup sûr la
plus miraculeufe & la plus révérée.
C'eft encore toute autre chofe quand

le peuple a établi en l'honneur des Saints des vœux & des pélérinages. Sa fureur est inconcevable pour ces sortes de dévotions, & il n'est lieu si écarté dont il n'entreprenne le voyage, quand il s'agit de contenter son goût sur ces objets de piété. Ce n'est pas, comme l'ont prétendu certains réformateurs, que tout pélérinage soit blâmable, lorsqu'on se propose sur-tout de glorifier Dieu dans les Saints, sur les lieux mêmes où reposent leurs précieuses reliques. Il y a plus de mérite, sans doute, de visiter les tombeaux de Ste. Génevieve & de St. Martin, que de réciter froidement des litanies au coin de son feu ; & les Protestants étoient bien injustes & bien peu instruits des anciennes pratiques de l'Eglise, quand ils s'aviserent de n'appercevoir dans ces exercices religieux qu'une superstition grossiere & une idolâtrie. C'étoit en même temps confondre l'extravagance & la piété, l'erreur & la sainte doctrine ; & quoiqu'ils aient dit sur cette matiere, il n'en passera pas moins pour constant aux yeux de tout chrétien sans préjugé, que c'est une très-bonne & très-louable pratique d'invoquer les

Saints & de recourir à leur intercession
pour obtenir de Dieu ses bienfaits par
Jesus-Christ , qui seul est notre sauveur
& notre rédempteur. L'église n'a pas
été jusqu'à présent sans prescrire à cet
égard des regles sages qu'il est aisé de
suivre sans tomber dans l'illusion. Mais
si les personnes instruites savent se pré-
munir contre cette fantaisie des vœux
& des pélérinages , il n'en est pas ainsi des chrétiens bornés , sur-tout dans
la campagne, où il reste encore bien
des choses à réformer dans le culte &
la vénération des Saints & des images.
Car , sans parler des fontaines prétendues salutaires , des reliques douteuses,
des légendes sans vraisemblance , toutes choses que l'ignorant confond avec
les monuments respectables de la religion, jamais on n'a pu lui ôter de
l'idée que tel ou tel Saint jouissoit de la
prérogative de guérir exclusivement
de différents genres d'infirmités. Le
rapport même du nom d'un Saint ,
avec la dénomination de certaines maladies, lui a fait imaginer qu'il étoit le
seul en droit d'être invoqué pour en
obtenir la guérison. C'est ainsi qu'il
s'adresse à St. Cloud pour les clous &

les furoncles, à St. Mein pour les dartres inflammatoires des mains & des bras, à St. Agrippa pour les gripes & les tranchées du bas-ventre. Le ciel est à ses yeux comme un grand atelier où l'on trouve des artisans de toute espece, mais où chacun ne peut être mis en œuvre que dans le genre de profession qui lui est propre. Cette propriété même est, selon lui, tellement attributive aux saints, que le vrai moyen de n'en rien obtenir, est de croiser leur puissance & leur crédit, de s'adresser à St. Georges pour la galle, à St. Roch pour la peste, à Ste. Claire pour la folie, & à Ste. Berthe pour le mal des yeux. Ce sont proprement des lettres de jurande qui interdisent à un martyr ce qu'elles permettent à un confesseur, & ôtent tout moyen d'anticiper sur le terrein, ni de se charger de la cure de son voisin, à peu près comme celles qui permettent à un tailleur de nous faire un habit, à un menuisier de lambrisser une salle & de construire un buffet.

### *Histoire d'une Aventuriere & d'un Curé de campagne. Réflexions de M. à ce sujet.*

LEs applaudissements furent prodigués au vieillard, & son conte fut trouvé si plaisant, que la compagnie demanda derechef à tirer les sorts, desirant que le papa perdît de nouveau, & fût obligé de commencer une nouvelle histoire. La fatale carte tomba entre les mains d'un perruquier, qui ayant toussé, craché & préparé l'organe, se mit en devoir de payer son amende.

Je suis, Messieurs, nous dit-il, originaire du Beaujolois, & ma Paroisse est à une lieue de Ville-Franche. Notre Pasteur est un bon homme qui aime l'argent, & qui néanmoins malgré son économie, sa vigilance & ses mesures, a eu le maleur de se laisser duper, il y a quelques années, d'une maniere assez plaisante. Or voici comment la chose arriva. Un soir que, pour prendre le frais, il s'étoit fait dresser le couvert sous une treille de son jardin, ſon domeſtique vint lui annoncer l'arrivée d'une étrangere qui ſe diſoit ſa parente, & demandoit à lui parler. Qu'elle entre, dit-il ; & auſſi-tôt paroît une femme aſſez bien miſe, & d'environ cinquante ans, laquelle l'abordant d'un air ouvert, lui dit : Mon cher couſin, permettez que j'aie l'honneur de vous tirer ma révérence, & de vous rappeller le ſouvenir d'une perſonne qui vous a été de quelque utilité dans votre jeuneſſe. Je ſuis ſûre tout à l'heure que vous aurez quelque peine à me remettre...... Quoi ! votre blanchiſſeuſe de rabats, celle qui prenoit ſoin de votre linge lorſque vous étiez au ſéminaire ? En vérité, les années cauſent de grands changemens ſur un viſage. D'après ce début, le curé rêve, rapproche ſes idées, & croit en effet reconnoître dans la perſonne qui lui parle quelques traits d'une parente, dont il avoit employé le miniſtere dans le temps de ſes études. L'aventuriere revient à la charge en lui citant vingt anecdotes, déclinant tous les noms de la famille, & faiſant paſſer en revue tant de circonſtances, qu'enfin notre homme ſe débrouille, ſe

leve, la salue & lui fait cent excufes
de la méprife. On fert à fouper ; la
prétendue parente eft mife à la place
d'honneur , & répond adroitement à
toutes les interrogations. En vérité,
ma coufine , dit le pafteur , il ne falloit rien moins que le détail dans lequel vous entrez pour me convaincre
qu'en effet vous êtes cette perfonne de
confiance à laquelle, autrefois , j'ai eu
fi fouvent recours. Le temps & l'âge
caufent de prodigieux changements
dans une perfonne , & fans avoir deffein de vous fâcher, je vous avouerai
franchement que je n'ai retrouvé chez
vous aucun de ces traits qui m'étoient
fi familiers. Mais enfin cela ne vous
doit pas caufer de peine , & pour en
revenir à ce qui vous concerne plus
particuliérement, dites - moi, je vous
prie, quelle affaire vous amene dans
nos cantons? Sur cela, la trompeufe ,
avec quelques minauderies & quelques
adroites grimaces : il y a vingt ans,
lui dit - elle, que je me fuis fixée à
Château-Chinon , où j'ai acquis un petit domicile, tout vis-à-vis de celui de
votre oncle. Comme nous ne fommes
qu'à huit lieues de Corbigny, où de-

meure vôtre cher pere, je fus, il y a
quinze jours, lui faire vifite, & lui
demander fes commiffions pour vous.
Une petire fucceffion que je m'attendois
à recueillir à deux lieues d'ici, & qui
demandera encore bien des démarches,
m'avoit déterminé à faire ce voyage;
à cette nouvelle, le bon vieillard fe
mit à pleurer. Vous lui direz, m'a-
t-il répondu, que notre procès pour
le retrait en queftion, eft fur le point
d'être jugé, mais que le procureur demande encore cinquante écus pour l'ac-
quit de différents objets qu'il eft effen-
tiel de vuider avant la fentence défini-
tive ; qu'étant, après tant de débour-
fements, dans l'impoffibilité de former
tout-à-coup cette fomme, je le prie d'a-
voir encore égard à mon embarras, &
s'il le trouve bon, de vous en remettre en main le montant. Ah! le mau-
dit procès, s'écrie le pafteur, il nous
ruinera. Croiriez-vous, ma coufine,
que voilà déjà quinze cents francs que
j'avance à la famille pour le faire finir?
Mais qu'à cela ne tienne encore, &
puifqu'il eft queftion de confommer
l'œuvre, il faudra bien fe réfoudre à
faire l'impoffible, & tirer mon pauvre

pere de ce mauvais pas. Dès demain, je prends une lettre de change sur Ville-Franche que je lui fais paſſer, car je n'oſerois vous charger de cet embarras. Vous n'y penſez pas, répond la couſine ; ſi vous vous en rapportez à moi, confiez-moi cette ſomme ; cela ſe fera ſans frais, & je vous donne ma parole qu'elle ſera remiſe exactement à ſa deſtination. Mais cela va vous charger...... Hé bien, convertiſſez vos eſpéces en or, cela tient peu de place... Mais les rencontres.... Encore une fois, point d'alarmes ; en me faiſant conduire juſqu'à l'extrêmité du bois par votre domeſtique, il n'eſt, quant au reſte du chemin, pas plus de riſques à courir qu'au milieu de ce jardin. Enfin, le curé ſe rend à toutes ces raiſons ; & dès le lendemain, fait ſeller ſon cheval, débourſe les cinquante écus à ſa parente, lui confie quelques piéces d'écritures pour ſon pere, la charge de mille compliments pour ſa famille, & la remet entre les mains de Jean ſon valet, ſans avoir la moindre défiance du tour qu'on alloit lui jouer. Cette artificieuſe triponne s'étoit déjà ſignalée par pluſieurs traits de la même eſ-

péce. Elle s'informoit adroitement des
noms & qualités de tous ceux à qui
elle vouloit en impofer. Elle pénétroit
dans le fecret des familles, & en rai-
fonnoit auffi favamment, que fi on l'en
avoit fait la dépofitaire. Elle s'intro-
duifoit dans les maifons fous prétexte
d'y rendre quelques bons offices; en
un mot, elle avoit le talent d'imaginer
des reffemblances, de contrefaire le ton,
les geftes de la perfonne dont elle prenoit la place, & d'ourdir une narration
avec toutes les couleurs de la franchife
& de la vérité. Pendant que notre
pafteur fe confoloit de cette derniere
faignée faite à fes efpéces, Jean, le
crédule Jean, la bride à la main,
traverfoit la forêt avec la coufine, &
s'acheminoit paifiblement vers un gros
bourg qui n'en étoit diftant que d'une
lieue & demie. Arrivés l'un & l'autre
à l'auberge, le cheval fut mis à l'écu-
rie, & l'aventuriere fit affeoir fon conducteur à la même table pour le dîner.
Le nigau voulut d'abord s'en défen-
dre, mais elle le prit par les épaules,
le renverfa fur fa chaife, ajoutant qu'en
voyage on ne faifoit aucune diftinction,
& que tout le monde étoit égal. Com-

me il étoit en face de sa bienfaitrice,
elle ne cessa, pendant près d'une demi-
heure, de le contempler, ce qui lui
donnoit beaucoup de confusion ; puis
rompant le silence : En vérité, Jean,
mon ami, lui dit-elle, j'admire l'épar-
gne de mon riche cousin, & le peu
de cas qu'il semble faire d'un garçon
si fidèle & si attaché. Comment un
homme vêtu & coëffé si chaudement,
peut-il souffrir un habit si mal-propre
& une tête chauve comme la tienne ?
Vraiment, cela lui fait honte, & ne
dût-il disposer en ta faveur que de ses
vieiles perruques, au moins ne serois-
tu pas exposé à montrer les grandes
oreilles & à t'enrhumer. Tout notre
village le dit comme vous, Mademoiselle, répond Jean ; mais quoique Monsieur soit un parfait honnête homme,
il ne lui prend guères fantaisie de nous
faire des présents ; & je puis dire que
depuis quinze ans que nous le servons,
Thérese & moi, nous n'avons pas reçu
pour cinq sols d'étrennes, nos gages
payés.

Oh bien ! reprend la cousine, j'en-
tends lui en faire aujourd'hui l'affront »

K

& te coëffer à mes dépens. Auſſi-tôt
elle appelle la cabaretiere, & lui demande ſi dans le bourg on ne trouveroit pas un frater, qui dans ſa bouti-
que auroit quelques perruques rhabil-
lées. Oui-dà, répond cette femme, &
ſur le champ elle l'envoie chercher. Il
vient avec une boëte ſous le bras, fait
eſſai de ſa marchandiſe ſur le chef de
Jean, & trouvant à peu près ſon affaire, il ſe met à le tondre, à lui faire
la barbe, & à le décraſſer de telle
ſorte, que Jean n'étoit plus Jean. Ce
fut encore toute autre choſe, quand
ayant fait venir, une demi-heure après,
un marchand frippier, le valet ſe trouva revêtu d'un bel & bon ſurtout de
gros drap, qui n'avoit pas été porté
ſix ſemaines. Cela fait, on convient
de prix, & le baigneur & le frippier
ont ordre de venir vers trois heures
chercher leur argent. Jean qui ſe trouve
un tout autre homme, s'épuiſe en re-
merciements, & ne ſait où placer ſes
mains. Le dîner s'acheve, & il ne reſte
à la couſine que de s'informer où de-
meuroit certain procureur à qui elle
étoit chargée de remettre certains pa-
piers de la part de ſon parent le curé.

( 115 )

Vous avez, dit l'hôtesse, près d'un quart de lieue de très mauvais chemin; mais, ajouta-t-elle ingénument, vous avez un bon cheval, & quand on a des meubles, c'est pour s'en servir. C'est à quoi je pensois, répondit la rusée; Jean m'attendra dans la cuisine, & je serai de retour avant que deux heures sonnent. A ces mots, elle part, & court encore. Au lieu de deux heures, il fallut attendre jusqu'à quatre, & point de cousine. La cabaretiere fait partir un de ses enfants; mais le procureur n'a vu personne : on y retourne à cinq, & même réponse. A la fin viennent les soupçons, & les soupçons se chan-gent en réalité. L'aventuriere est trai-tée de coquine, & le valet accusé de s'entendre avec elle. Celui-ci fait ser-ment qu'il n'a aucune part à tout cela, qu'il en est la victime, & que son maî-tre y perd cinquante écus & un cheval de prix. Dans l'entrefaite arrivent le frater & le frippier, lesquels prévenus de la tromperie, se jettent sur Jean, le décoëffent, le dépouillent, & lui disent toutes les injures possibles. L'hô-tesse ne s'en tint pas aux paroles, car voyant qu'elle n'avoit pas à prétendre un fol de fon dîner, elle fait accabler le pauvre homme de gourmades par fes enfants. Jean bien battu, bien tondu, le ventre plein, la larme à l'œil, reprend fon fouet, fes guenilles & fon mauvais bonnet rouge, & gagne, en fe lamentant, le chemin de fon village, où il n'arriva pas avant neuf heures. Le pafteur étoit alors au deffert. Bon foir, Monfieur, lui dit le pauvre garçon, d'une voix plaintive. Bon foir, mon ami, répond le curé qui ne le remettoit pas. Quoi! pourfuit le valet, en pouffant un grand foupir, vous ne reconnoiffez pas Jean? A ce nom, le maître ouvre deux grands yeux, & tout ftupéfait : Et qui diantre, dit-il, a donc pu t'équiper de la forte? Vraiment, répond-il, c'eft votre vilaine coufine : mais après tout, je n'y fuis que pour mes cheveux, au lieu que vous y perdez votre argent & le pauvre Pierrot; & tout de fuite il fe met à lui circonftancier cette déplorable hiftoire. Dès le lendemain, la Paroiffe en fut pleine. Elle apprêta à rire à ceux qui regardoient ce prêtre comme un ladre. Le petit nombre en fut fâché, mais bien moins fans doute qu'on ne

le feroit du malheur d'un pere de famille qui n'eût pas fait la moitié de
cette perte.

Après les éclats de rire qu'occafionna
la narration du perruquier, nous nous
rangeons, lui dis-je, du côté des rail-
leurs. En vérité, cela eft étonnant de
voir des hommes dont le revenu n'eft
que le produit des fueurs de leurs pa-
roiffiens, manquer tellement à l'efprit
de leur miniftere, que leur bourfe s'ac-
croît à mefure que celle de ceux qui
les nouriffent diminue. A les voir ainfi
théfaurifer jufqu'à la mort, ne diroit-on
pas qu'ils craignent que la terre ne leur
manque, & qu'ils auront faim dans leur
vieilleffe ? & cependant cet argent qu'ils
entaffent, à qui appartiendra-t-il ? A
des héritiers avides qui s'en empareront
au préjudice des pauvres, & s'inquié-
teront peu de quelle fource leur vient
cette copieufe fucceffion. N'en a-t-on
pas vu porter l'ingratiude jufqu'à déchirer des teftamens, faire caffer des
legs pieux, pourfuivre des malheureux
pour des objets de meffes, d'enterre-
mens & autres cafuels, & refufer
même jufqu'à des prieres à la mémoire

du défunt. J'ai vu moi-même les héritiers d'un curé maudire la mémoire
d'un oncle qui ne leur avoit laissé que
vingt mille livres à son décès, & porter la vilainie jusqu'à changer un demi-
sou pour aller à l'offrande du seul service qu'ils aient fait chanter pour le
repos de son ame. La consolation des
pauvres est de voir ces biens tourner
mal dans la main de ceux qui les ont
recueillis. Il semble qu'il y ait un ana-
thême prononcé sur cet argent, & il
n'est que trop ordinaire de voir les héritiers d'un riche Ecclésiastique tomber,
après la dissipation qu'ils en ont faite,
dans l'indigence & dans la plus grande
misere.

---

## BRULURE.

L'Onguent pour la brûlure passe pour
être encore un reméde à trouver, tant
l'habitude de plaisanter sur le mot rend
suspectes toutes les recettes qu'on donne
pour cet accident : mais les plaisante-
ries doivent-elles empêcher de publier
celles qui sont munies d'une certaine
autorité, & que l'expérience démontre

utiles ? Non, sans doute, & nous croi-
rons avoir rendu service à nos Lecteurs,
en leur indiquant le reméde suivant,
dont on assure l'efficacité ; reméde qui,
ajoute-t-on, non seulement, guérit rou-
tes sortes de brûlures, mais même n'en
laisse subsister aucune trace sur la peau.

On prend 6 onces d'huile d'olive,
& 4 ou 5 blancs d'œufs frais qu'on bat
ensemble à froid. Il résulte de ce mê-
lange, une espece d'onguent qu'on étend
de temps en temps avec un plumaceau
sur la brûlure, observant de ne mettre
aucun linge sur la partie blessée : à me-
sure que le reméde est appliqué, couche par couche, il séche chaque fois,
& il se forme une croûte qui tombe
ensuite par écailles vers le douzieme
jour. Quand les croûtes sont toutes tom-
bées, on découvre une surpeau nouvelle qui s'étoit formée dessous. Cette
surpeau est d'abord rougeâtre comme
dans les enfants nouveaux nés, mais au
bout de 4 ou 5 jours, elle blanchit
par le contact de l'air qui la consoli-
de, la dessèche & la rafraîchit.

Mais lorsqu'on veut porter un reméde plus prompt, il suffit de mêler de
l'huile d'olive avec un peu de cire

jaune fondue ; & fur-tout il faut ap-
pliquer fur le champ l'huile d'olive,
afin de prévenir l'efcarre.

On dit que de la *gomme gutte*, qui
eft un fuc *réfino-gommeux*, mais qui
fe diffout en plus grande quantité dans
l'efprit-de-vin que dans l'eau, appliqué
de même fur les brûlures, y produit
le même effet ; mais il fuffit d'y en
mettre une feule fois, de la laiffer fécher ; elle forme une croûte en fe fé-
chant, fous laquelle les chairs fe re-
font : on n'enveloppe point la brûlure,
& ce petit traitement a l'avantage de
ne point graiffer comme l'huile.

S'il s'agit d'une légère brûlure, on
fe guérit aifément, dit-on, en appro-
chant du feu la partie brûlée, le plus
près qu'on peut le fouffrir. La douleur
s'appaife fur le champ ; voici la raifon
phyfique qu'on en donne : les parties
ignées qui brûloient la peau, l'aban-
donnent promptement, follicitées & en-
traînées par le mouvement rapide d'un
plus grand feu, d'un feu plus libre.
Par la même raifon, le jus d'oignon,
l'huile de pétrole, toutes les huiles
chaudes foulagent les parties endomma-
gées par le feu.

*FIN.*

www.ingramcontent.com/pod-product-compliance
Lightning Source LLC
LaVergne TN
LVHW021856170726
843503LV00003B/1249

*9782329753621*